BIBLIOTHÈQUE DU CULTIVATEUR

PUBLIÉE

AVEC LE CONCOURS DU MINISTRE DE L'AGRICULTURE

LE
CHEVAL PERCHERON

PRODUCTION. — ÉLEVAGE. — DÉGÉNÉRESCENCE DE LA RACE.
MOYENS DE L'AMÉLIORER.
FOIRES IMPORTANTES. — PRINCIPAUX ÉLEVEURS.
VITESSE ET TENUE DU PERCHERON.

PAR

CHARLES DU HAŸS.

PARIS

LIBRAIRIE AGRICOLE DE LA MAISON RUSTIQUE

26, RUE JACOB, 26

CHEVAL PERCHERON

MONTEREAU. — IMPRIMERIE DE L. ZANOTE.

BIBLIOTHÈQUE DU CULTIVATEUR

PUBLIÉE

AVEC LE CONCOURS DU MINISTRE DE L'AGRICULTURE

LE

CHEVAL PERCHERON

PRODUCTION. — ÉLEVAGE. — DÉGÉNÉRESCENCE DE LA RACE.
MOYENS DE L'AMÉLIORER.

FOIRES IMPORTANTES. — PRINCIPAUX ÉLEVEURS.

VITESSE ET TENUE DU PERCHERON.

PAR

CHARLES DU HAŸS

PARIS

LIBRAIRIE AGRICOLE DE LA MAISON RUSTIQUE

26, RUE JACOB, 26

1866

LE
CHEVAL PERCHERON

PRODUCTION ET ÉLEVAGE DU CHEVAL PERCHERON;
MOYENS DE L'AMÉLIORER.

.....Facilis descensus Averno est ;
Sed revocare gradum ?
La pente vers le mal est facile ;
Mais comment la remonter ?...

Toutes les brochures, tous les écrits dont le cheval a été l'objet, se réduisent à peu près à ceci :

Se plaindre de ce qu'il n'existe pas de race qui, à de hautes qualités morales, unisse, à un degré élevé, les qualités physiques.

Chercher, — ce sont les plus modestes, — ou enseigner les moyens de l'obtenir.

Un tel bruit a lieu de surprendre au cœur de la France, où fleurit, depuis longtemps, une race qu'on dirait de tous points faite pour le cadre tant de fois proposé.

1

La preuve en est facile : une esquisse, prise au vol, de ses caractères principaux, suffit pour la fournir.

A une force peu commune, à une vigueur qui jamais ne se dément, à une conformation dont les formes puissantes n'excluent point l'élégance, elle sait allier la docilité, la douceur, la patience, la franchise, une grande sobriété, une santé excellente et un tempérament rustique et résistant. Ses actions sont vives, relevées et légères. Sa tenue est constante dans le travail et à toutes les allures. Elle possède la double et inappréciable qualité de courir vite en tirant lourd. Elle est précieuse, surtout pour son étonnante précocité, et produit à deux ans, en travail, plus qu'elle n'a coûté en nourriture et en entretien. En effet, le labeur auquel sont condamnés tous les êtres, elle l'aime et montre pour lui une réelle aptitude. Son moral est droit et solide, ne connaissant ni les quintes de mauvaise humeur, ni les excitations nerveuses. Elle a pour l'homme, son compagnon de fatigues, une confiance innée, fruit de l'éducation, depuis longues générations, au sein de la famille et elle lui témoigne une douce familiarité. Les femmes, les enfants, dont les mains la nourrissent, peuvent l'aborder sans crainte. *Elle est honnête*, en un mot, si j'ose ainsi parler. Elle a cette belle robe grise d'Orient, la plus favorable de toutes pour

pouvoir affronter au milieu des labeurs de la
plaine, les rayons brûlants du soleil ; cette robe qui
réjouit l'œil, et qui, dans les ténèbres de la nuit,
laissait entrevoir au postillon d'autrefois qu'il
n'était pas seul et que son ami cheminait loyale-
ment devant lui. Elle est exempte (cause de jalou-
sies éternelles chez les éleveurs des autres races),
elle est exempte toujours des tares osseuses, héréditaires, du jarret, et on ne connaît même pas de
nom, dans les centres qui l'élèvent, l'éparvin, le
jardon, la forme, la fluxion périodique et autres
infirmités redoutables.

Cette race, vraiment typique, semblerait un
mythe si elle ne vivait à nos côtés. Mais chaque
jour nous la voyons, chaque jour nous touchons à
ce trésor accordé par la Providence aux contrées
qu'elle affectionne, pour y faire fleurir l'agriculture, cette maîtresse aux moraux enseignements,
et régner avec elle l'abondance et la paix.

Je ne la nommerai pas : tous, à cette incomplète
ébauche, ont reconnu la belle race de chevaux
honnêtes et laborieux, qui naît et grandit dans
l'ancienne province du Perche, si justement sur-
nommée le *Perche aux bons chevaux;* creuse en
longs sillons le sol de la Beauce, et se répand de là
dans toute la France, où ses qualités la rendent
sans rivale pour toutes les spécialités du service
de traction rapide.

Aussi, en résulte-t-il que toutes nos provinces l'envient, et que, pour l'étranger même, elle est recherchée avec une faveur qui tient de l'emportement.

Le producteur, — ce n'est généralement qu'un fermier, — trop peu riche pour n'être pas tenté, se trouve sans force, sans résistance en présence de cette attraction de tous les instants. Les plus beaux types, non-seulement les mâles, mais les femelles encore, disparaissent chaque jour.

Cette disposition, tendant sans cesse à dépeupler le Perche de ce qu'il a de supérieur, est d'autant plus redoutable que la question de remplir les vides et de sauver cette race d'une dégénérescence et d'un effacement inévitables devient le corollaire obligé de telles opérations commerciales.

Lancé dans cette voie, si le Perche ne prend, sans tarder, des mesures salutaires, s'il ne fait un généreux effort pour se mettre en état, soit de résister au courant, soit de l'alimenter d'une façon toujours égale et soutenue, il est fatalement marqué pour un effacement complet à l'heure même où l'avenir est à lui.

L'*avenir*, en effet, je souligne le mot, est au cheval percheron, s'il peut se soutenir au premier rang des races véritablement utiles, jusqu'au jour, peu éloigné, où s'ouvrira cette ère de triomphe, et tout semble concourir aujourd'hui à faire une vérité de ce qui, d'abord, paraît un paradoxe.

Le percheron trouve, je le sais, par ce temps-ci, dans la classe de cheval de luxe, un antagoniste auquel le prestige dont s'entoure l'élégance semble devoir donner des forces redoutables. Le cheval anglais et ses congénères tiennent le sceptre de la mode et du bon ton. Mais cet antagonisme, plus apparent que dangereux, en raison des sphères élevées, mais assez limitées, dans lesquelles il se meut, n'aura qu'un temps et cédera devant la raison ou les nécessités d'une situation tendue.

Notre siècle, factice à l'excès, est dominé par le besoin et les excitations d'un luxe, qui tend à ruiner les maisons les plus solidement établies. Il laisse follement patrimoines et fortunes s'effeuiller sous la main d'une vaniteuse et tapageuse ostentation, sans s'apercevoir que déjà elles baissent et se nivellent chaque jour, sous l'action continue des lois. Le réveil se fera, et l'effet d'une réaction inévitable sera un retour général vers le solide et la simplicité.

Dégrisées du luxe des villes, les intelligences d'élite se retremperont, ayons-en l'espérance, dans le calme des champs, et l'agriculture reprendra ses droits trop longtemps méconnus.

Fatigué de se laisser ronger par cet hôte élégant

que l'on nomme le cheval de luxe, et cette armée
de satellites malfaisants qui gravitent à sa suite,
on reviendra vers le cheval sérieux, celui qui demande peu de soins et qui rend des services, vers
celui qui ne boude pas à la peine, le compagnon
né de tout homme jaloux de suivre la loi de nature, qui est celle du travail.

Le percheron a plus que jamais sa raison d'être.
C'est celui, parmi les chevaux de service, qui est
appelé à la plus haute fortune; car, de tous les
chevaux communs, il est le plus près du sang,
pour ses formes et ses aptitudes. Son indispensabilité le fait demander partout. Si le chemin de
fer l'a chassé de la grande route, il le réclame
comme auxiliaire, dans les centres de population,
et à tous ces points d'émission ; car c'est un cheval éminemment trotteur, brillant par son aptitude à se mouvoir à une allure relativement
rapide; excellent dans la faculté précieuse de
tirer en courant. Depuis que les voitures de relais
ont cessé de le demander, les omnibus qui cir-
culent dans les grandes villes, ou qui commu-
niquent avec les chemins de fer, le consomment
dans une proportion croissante.

Ceci nous amène à chercher les moyens d'améliorer la race percheronne et de la maintenir
glorieuse et forte dans son berceau. Mais, voyons
d'abord, quelle est l'origine de cette race, quel

pays l'a vu naître, et à quels caractères on la reconnaît.

Nous avons, pour cette recherche, largement
emprunté à tous ceux qui ont vu de près le Perche
et l'ont sérieusement étudié. Nous espérons rester
dans le vrai en les suivant pas à pas.

PREMIÈRE PARTIE.

GRANDEUR ET DÉCADENCE DE LA RACE PERCHERONNE.

CHAPITRE Ier

Coup d'œil sur le Perche.

Tout ce qui a été dit, tout ce qui a été écrit sur le Perche, nous dispense d'entrer dans les détails géographiques de la composition de cette province, non plus que dans sa description. Nous nous bornerons à noter que le pays, devenu si célèbre par sa belle race de chevaux, représente une ellipse de 25 lieues de longueur environ sur une largeur d'une vingtaine à peu près.

Cette ellipse est bornée, au nord, par la Normandie; à l'ouest, par la Normandie encore, et par le Maine; à l'est, par la partie de la Beauce,

1.

formée du pays Chartrain et du Dunois; au sud, par le Vendomois; trois fractions de l'ancien Orléanais.

Enclavé de nos jours au centre de quatre départements, l'Orne, l'Eure-et-Loir, le Loir-et-Cher et la Sarthe, le territoire du Perche a formé les divisions suivantes :

1° L'arrondissement de Mortagne (département de l'Orne);

2° L'arrondissement de Nogent-le-Rotrou et une fraction de ceux de Chartres, Dreux et Château-Dun (département d'Eure-et-Loir) ;

3° Tout le côté ouest de l'arrondissement de Vendôme (département de Loir-et-Cher) ;

4° La partie est des arrondissements de Mamers et de Saint-Calais (département de la Sarthe).

C'est le point culminant de la partie médiane du vaste plateau qui s'étend entre la mer et les bassins de la Loire et de la Seine. C'est là que prennent naissance la Sarthe, l'Huisne, l'Eure, le Loir, l'Iton, l'Hoëne, la Braye, l'Avre, la Commanche, l'Orne percheronne, etc., etc., qui surgissent du même plateau et le sillonnent pour se diriger vers l'Océan ou la Manche.

Le pays est, en général, inégal et montueux, coupé en tous sens par de petites vallées, arrosées par des sources ou de faibles ruisseaux, allant tous grossir les rivières que je viens de nommer.

Toutes ces vallées, quelle qu'en soit l'étendue, sont en prairies naturelles et la plupart riches et fertiles. Seulement le drainage y serait partout utilement employé pour les dégager d'une humidité toujours trop abondante, et les purger des plantes aquatiques qui trop souvent dominent. Celle qu'arrose l'Huisne est la plus belle et ne le cède en rien aux plus connues de France pour sa longueur, l'étendue, la richesse et la beauté de ses sites. C'est là que se trouvent Nogent-le-Rotrou, Condé, Regmalard, Boissy, Corbon, Mauves, le Pin-la-Garenne, Réveillon, etc., etc., tous centres renommés pour la beauté des chevaux qu'ils élèvent.

Quant au terrain, ce qu'on observe le plus souvent, c'est un sol argileux reposant, presque toujours, sur un sous-sol calcaire de formation secondaire. Quelques parties sont siliceuses, les points culminants et mamelonnés le sont toujours.

La contrée percheronne possède assez peu de prairies, relativement à la surface totale du sol, et c'est à cette circonstance qu'elle dut sa prospérité chevaline. L'élevage s'y fait à l'écurie et la poulinière se trouva ainsi placée très-près de l'éleveur. L'idée lui vint naturellement de s'en servir. Il la fit travailler et la nourrit bien. Tout le secret de l'élevage est dans ces deux mots.

L'agriculture y est, depuis longues années, sur un pied très-élevé; les prairies artificielles sont partout cultivées avec succès. Pour produire l'énorme quantité de nourriture que consomment les nombreux chevaux qu'on y élève, il a bien fallu qu'il en fût ainsi.

Parmi les plantes fourragères, c'est le trèfle surtout, puis le sainfoin, qu'affectionne le fermier percheron. Il plâtre, il marne avec soin, et sait bien vous dire, à l'occasion, que c'est à ce mode et à sa culture avancée que le Perche doit surtout d'avoir pu subvenir jusqu'ici aux demandes si considérables que le commerce lui a adressées depuis le commencement du siècle, particulièrement depuis cinquante ans environ. Il est, du reste, laborieux et a un esprit de suite très-marqué. Dédaignant les arts industriels, qui sont la gloire des autres pays, sa vocation véritable, son occupation favorite est la culture de la terre et l'élève du cheval, qu'il a dû pratiquer avec amour depuis les temps les plus reculés. Ne le peut-on pas induire, en effet, de l'exemple même de ses premiers maîtres? Les comtes du Perche, ces antiques Rotrou, ces triples chevaliers, n'avaient-ils pas pris pour emblème de leur noblesse l'empreinte du pied de leurs chevaux?... Non contents d'un unique chevron, ils en arboraient trois sur leurs étendards, pour signifier et la supériorité de leurs résultats dans l'éducation de leurs chevaux et le nombre infini de leurs élèves. Car, dans le langage sym-

bolique (et nul ne l'est plus que le blason), le
nombre trois veut dire l'infinité, et l'empreinte
ovale du pied des coursiers orientaux, où se des-
sine nettement la figure d'un chevron, fut, aux
premiers âges, comme un signe de chevalerie,
remplaçant l'antique anneau de Rome. De là vient,
comme marque distinctive de noblesse, ce grand
nombre d'armoiries à chevrons parmi celles des
chevaliers. Le chevron unique était la désignation
sommaire de l'homme noble, et les marques particulières qui souvent accompagnaient ce chevron
lui servaient de corrollaire pour rappeler quelque
exploit, quelque grand fait d'armes, ou la nature
des goûts, ou des possessions du guerrier qui portait ce blason[1].

Le Perche est très-divisé; ses fermes, en général, sont de médiocre étendue. Les champs, assez
peu étendus également, y sont, pour la plupart,
entourés de haies vives.

L'éleveur percheron est d'une douceur qui ne
se dément jamais, il connaît toute l'importance des

---

[1] Les seigneurs de Longny, possesseurs de l'une des meilleures
contrées d'élevage du Perche, portaient, comme les Rotrou, trois
chevrons dans leurs armes. La maison d'Aché, que je veux citer
encore, bien que je me sois peut-être un peu attardé dans ces
détails, la maison d'Aché, l'une des plus anciennes et des plus
puissantes du comté d'Alençon, qui jouissait du privilége de
remplir héréditairement les fonctions d'écuyers des comtes et
ducs de Bellesme et Alençon, portait des armes chevronnées.

soins sur la race qu'il élève, et cependant, il faut le dire, sauf la douceur avec laquelle il la traite, il a vécu près d'elle, au jour le jour, et n'a presque rien fait pour la conserver dans sa beauté et l'améliorer. La nature, le temps et le climat ont tout fait.

Comme climat, le Perche est éminemment favorable à l'éducation du cheval. Sous son influence, l'eau y est tonique, les végétaux y sont substantiels; l'air y est pur, vif et plus sec que celui de la Normandie. La mer en est plus éloignée, et son influence y est par conséquent moins sentie.

Toutes ces données, du reste, ne peuvent être que générales, car le pays varie d'aspect suivant les lieux que l'on parcourt. Dans la partie qui avoisine la Normandie et qu'arrose la Sarthe, il offre beaucoup de rapport avec cette province. Les herbages s'y montrent cependant plus rares et n'offrent pas surtout ces qualités d'extrême douceur et de suprême tonicité qui distinguent les environs de Courtomer et du Merlerault, situés à quelques heures seulement des limites du Perche.

Du côté de la Beauce, ce sont de vastes plaines, ondulées quelquefois, et ayant de grands rapports avec elle.

Du côté du Maine, il prend les caractères de culture et d'aspect particuliers à cette contrée, de façon que la transition qui se manifeste entre ces deux provinces, n'a rien de heurté et se fond moelleusement comme les nuances d'un tableau.

Des bois sur quelques points, des étangs au nord-est, des fourrages et des céréales sur le demeurant, tels sont les traits constitutifs et les revenus du pays.

CHAPITRE II.

Esquisse de la race percheronne.

———

C'est au sein de la contrée, dont je viens de crayonner la physionomie, d'une façon trop sommaire, que s'élève une race de chevaux nombreux, propre à une foule de services, spéciale et irremplaçable pour quelques-uns.

D'une taille en général élevée (1 mètre 50 à 1 mètre 60), offrant dans son ensemble les caractères d'un tempérament sanguin, uni, en proportions variables, au tempérament musculo-lymphatique, le cheval percheron est presque toujours de couleur grise, et c'est même, parmi les traits accentués qui le distinguent, celui que le regard embrasse le premier.

Suivant leur prédominance, ces tempéraments constituent des variétés que l'on peut classer en trois catégories :

1° Les percherons légers, chez lesquels le système sanguin prédomine ;

2° Le percheron de trait, chez lequel le système lymphatique se trouve le plus développé ;

3° L'intermédiaire, entre ces deux types, qui participe de l'un par sa légèreté, de l'autre par sa force musculaire. Ce dernier est le plus nombreux, mais il a bien dégénéré depuis quelques années ; il tend même à disparaître depuis que les services des postes, qui l'avaient créé, ont peu à peu fait place à d'autres modes de locomotion.

Son air est coquet, bien que la tête soit un peu forte, un peu longue ; les naseaux bien ouverts et bien dilatés ; l'œil est grand et expressif, le front large, l'oreille fine ; une encolure un peu courte, mais bien sortie ; le garrot saillant ; l'épaule assez longue et inclinée ; la poitrine un peu plate, mais haute et profonde ; le corps bien cerclé ; le rein un peu long ; la croupe horizontale est bien musclée ; la queue attachée haut ; des articulations courtes et fortes ; le tendon généralement faible. Mais le précieux cheval d'Irlande n'a-t-il pas lui-même cette imperfection extérieure sans rien perdre de sa solide ? Un pied toujours excellent, quoiqu'un peu plat, dans les contrées basses et à prairies naturelles; une robe grise, une peau fine, des crins soyeux et abondants, tels sont les caractères les plus généraux de l'ancienne race percheronne. Ce sont du moins ceux que l'on observe encore sur quelques restes de vieux chevaux, échappés à la transformation, dont les commencements datent de longtemps déjà; car aujourd'hui, tout est bien changé. Depuis les croisements étrangers, le pied s'est aplati, la tête s'est chargée, le tendon a failli davantage, le rein s'est allongé, l'épaule a perdu de sa direction et la croupe est devenue plus courte. La race s'est modifiée brusquement pour répondre à de nouveaux besoins qui se sont fait sentir avec l'inattendu, la fougue de tout ce qui se fait en France.

Ces caractères divers éprouvent, bien entendu, de sensibles modifications suivant les variétés sur lesquelles on les observe, mais l'ensemble présente une homogénéité frappante.

Le percheron léger, propre aux attelages, se trouve surtout dans la partie normande, dans l'arrondissement de Mortagne, aux environs de Courtomer, de Moulins-la-Marche, de l'Aigle, du Mesle-sur-Sarthe, et notamment dans les communes de la Mesnière, de Bures et de Champeaux-sur-Sarthe. Cela se conçoit, il est voisin du plus beau sang de France, voisin de la contrée où s'est

formé le meilleur type normand. Le sol, la tempé-
rature, les pâturages y sont à peu près les
mêmes.

Si l'on va de Nogent-le-Rotrou à Montdoubleau,
et que l'on suive la limite du Perche-Manceau, par
Saint-Calais, Vibraye, La Ferté-Bernard, Saint-
Cosme et Mamers, on parcourt le berceau du gros
cheval de trait. Là se trouvent les fortes poulinières.

Au centre du Perche, à Mauves, à Regmalard, à
Longny, à Corbon, à Courgeon, à Réveillon, à Villiers, à Saint-Langis, il ne naît rien, le fermier y
élève les produits, mâles, d'Eperrais, du Pin-la-
Garenne, de Coulimer, de Saint-Quentin, de Buré,
de Pervenchères et des communes à juments de
l'arrondissement de Mortagne, de Nogent-le-Rotrou, de Montdoubleau et de Courtalin.

Comme sexe et comme âge, les chevaux ne sont
jamais confondus dans le Perche ; ils y sont classés
avec soin. Mais il n'en est pas aussi exactement de
même par espèces.

Le cheval de poste et le cheval fort, de trait, s'y
trouvent confondus sur le même terroir. Le cheval
de poste se fait un peu partout ; son tempéramment et les milieux dans lesquels il se trouve
placé sont les agents qui le préparent à cette spécialité.

C'est, comme on le voit, aux deux extrémités de

l'ellipse (là surtout où sont les pays d'herbages),
que se trouvent les juments. Au centre, à Mauves,
Regmalard, Longny, etc., etc., on se livre à l'élève
des poulains.

CHAPITRE III.

Origine du Percheron,

———

Maintenant qu'elle est l'origine du Percheron ? Selon les uns, le Percheron est d'origine arabe. D'autres, moins explicites, et sans lui assigner une origine aussi noble, le regardent comme fortement impreigné de sang oriental.

M. Eugène Perrault, l'un des plus riches et des plus habiles marchands de chevaux de luxe d'Europe, m'a souvent répété : « Rien ne m'intéresse comme cet admirable cheval percheron, qu'à tous ses caractères je regarde comme un Arabe grossi par le climat et par la rusticité des services auxquels il est employé depuis des siècles. »

On ne trouve, cependant, nulle part, dans l'histoire, la preuve écrite, mathématique, que le percheron soit un cheval arabe. Mais, sans se laisser arrêter par cette lacune, il est, je crois, facile, par des déductions historiques, de démontrer qu'il descend de l'Arabe.

On sait que, dans le VIIIe siècle, après la déroute du chef sarrasin, Abdérame, vaincu par Charles-Martel dans les plaines de Vouillé, il resta au pouvoir des vainqueurs une cavalerie magnifique, puisque plus de 300,000 infidèles mordirent la poussière. Or, les chevaux que montaient ces soldats étaient tous, comme eux, du pays du soleil. Partagés entre les hommes qui avaient pris part à l'action, et dont un grand nombre était du Perche, de l'Orléanais et de la Normandie, ils durent laisser, dans la production de ces pays, des traces indélébiles de leur passage.

Le Perche, comme tous les pays de la chrétienté, fournit, on le sait, aux croisades son contingent de combattants, et les chroniques citent plusieurs comtes de Bellesme, de Mortagne et de Nogent, des barons et des gentilshommes du pays qui, avec leurs vasseaux, accomplirent ces pèlerinages.

M. l'abbé Fret, dans une lettre adressée au congrès de Mortagne, le 16 juillet 1843, et dans son grand ouvrage sur le Perche, cite, à cette occasion, un seigneur de Montdoubleau, Geoffroy IV, et Rotrou, comte du Perche, qui ramenèrent de Palestine plusieurs étalons orientaux, auxquels ils donnèrent des juments, et dont ils conservèrent précieusement la race.

Les croisements *in-and-in* qui durent être fréquents à cette époque, en raison du petit nombre et de la beauté incontestée des reproducteurs, imprimèrent à tout jamais le cachet paternel. Le seigneur de Montdoubleau fut, dit-on, le plus zélé des propagateurs de ces illustres étrangers, aussi y réussit-il le mieux, et la supériorité de ces résultats se remarque encore de nos jours. Les chevaux de Montdoubleau sont les premiers du Perche. Il fut imité également par Roger de Bellesme, qui introduisit la race arabe et celle d'Espagne dans ses domaines, ainsi que par Giroye, seigneur de Saint-Cenery, d'Echauffour, de Courville et de Courcerault, dans le Perche. Ces faits ont leur importance historique. Mais, comme on pourrait se récrier contre cette origine noble attribuée à la race percheronne, je m'empresse d'ajouter qu'il en est à peu près de même partout. Pareilles chroniques n'existent-elles pas, non-seulement pour le Limousin, peuplé par les comtes de Royères, pour la Navarre, pour l'Auvergne (pays de chevaux nobles), mais encore pour la Bretagne, le Maine (où le cheval n'a plus rien qui rappelle l'Orient) et pour tous les pays d'où sont sortis les Croisés? Tous ceux qui ont pu ramener leurs chevaux, ne l'ont-ils pas fait? Les services qu'ils en avaient tirés en Terre-Sainte leur en avaient trop bien fait apprécier les qualités pour qu'aucun de ceux qui l'aient pu y aient manqué. De pareils faits sont cités à peu près dans toute nos provinces et ne prouvent qu'une chose, c'est que le sang oriental est précieux depuis longtemps, mais que tous les pays qui ont eu l'avantage de le posséder, n'ont eu ni l'aptitude, ni le goût, ni la possibilité de le bien conserver, et que, lorsque après plusieurs siècles, on a la bonne fortune d'en pouvoir encore montrer des traces certaines, on doit faire tous ses efforts pour les raviver.

Me lancerai-je dans le champ des inductions et dirai-je que, du temps des Romains, le cheval aux formes orientales était non-seulement connu des Gaules, mais était déjà caractérisé dans le Perche? Parlerai-je de cette découverte faite à Neuvy, près Jargeau (Loiret), sur les confins du Perche?

En 1861, on y a mis au jour, au milieu d'un champ, un caveau souterrain contenant une statue de Bacchus entourée de statues de Bacchantes, le tout accompagné d'un *cheval*, d'un cerf, d'un sanglier, de poissons, d'un cep de vigne et de productions du pays. Or, le cheval présentait tous les caractères d'un gros Arabe, ce qui démontre qu'il y avait des arabes dans le pays, ou que la race locale, dont on avait copié une individualité, ressemblait à l'Arabe.

Ces données historiques, ces inductions, tout incomplètes qu'elles puissent être, nous amènent à penser que, comme antiquité, la race percheronne ne le cède à nulle autre de nos races françaises, et que le sol qui l'a nourrie est des meilleurs de France.

Soumis au régime féodal, habité par des tenanciers toujours en guerre, le Perche a dû être, toujours un pays hippique et le cheval y a dû être, à toutes les époques, le compagnon de l'homme. C'était pour lui une nécessité de premier ordre. Dans ces temps de guerres, de surprises, quel bétail plus mobile, plus facile à élever? Quelle gloire aussi d'avoir de nobles coursiers, d'en avoir tant, qu'on n'en savait même plus le nombre, comme ces Rotrou, dont les chevrons héraldiques, flottants sur leurs grands étendards, le redisaient du haut des tours de Mortagne et de Nogent!...

Mais, comme race, le Percheron avait-il les caractères qu'il affecte aujourd'hui? Ce n'est pas probable. Elle devait être plus légère, tout en possédant en elle-même les principes des caractères qu'elle a revêtus plus tard. L'essentiel pour nous est de prouver qu'il y avait alors une race indigène. Car, si la vie particulière que l'on menait autrefois,

si l'aspect du pays qui a dû toujours être fertile,
si les inductions historiques ne le prouvaient, la
tradition universelle de toute la contrée ne nous
laisserait à cet égard aucun doute.

Faisons donc bon marché du silence des histo-
riens. Pour que les vieux auteurs n'en parlent
pas, ce n'est pas, pour le chercheur, une preuve de
non existence. Nos vieux écrivains étaient tous
écuyers, pour la plupart; ils n'ont pu et dû
parler que du cheval de selle et de manége, du
cheval utile à leur spécialité au temps où ils ont
écrit. De là, l'ombre dans laquelle sont laissées les
races agricoles.

CHAPITRE IV.

Modifications de la race percheronne.

La race percheronne vient de l'Arabe; mais il importe de connaître les causes qui l'ont éloignée du type primitif. Comment s'est-elle modifiée ? Comment a-t-elle perdu les caractères arabes qu'elle avait dû revêtir d'abord? Comme ont été modifiées, bien plus profondément encore, grand nombre de races françaises qui sont devenues abjectes, misérables, chétives, difformes d'aspect ; comme se sont transformées toutes les races chevalines, par l'effet du climat, de la nourriture, de l'extinction de la féodalité ; par l'inauguration des habitudes pacifiques qui ont fait un cheval d'agriculture, un cheval de tirage du cheval employé

primitivement à la selle et à la guerre. Elle a dû,
surtout, être modifiée par son contact avec la race
bretonne, dont on rencontre maintenant, chez un
grand nombre d'individus, des caractères saillants.

On a cependant vivement essayé de combattre
l'intrusion du gros cheval par l'action continue du
cheval arabe. En effet, nous voyons, vers 1760,
sous l'administration de M. le marquis de Brigges,
gouverneur du haras du Pin, tous les beaux
étalons arabes, barbes, orientaux que possédait
en grand nombre cet.établissement, mis à la disposition de M. le comte de Mallart pour le service
de sa jumenterie de Coësme, près Bellesme. L'arrivée des étalons danois et anglais au haras du Pin
mit un terme fatal à l'action du cheval arabe dans
le Perche, et il se passera de longues années avant
que le sang oriental n'y soit versé. Ce ne sera que
vers 1820, toujours au même château de Coësme,
chez le petit-fils du vieil amateur d'Arabes, que
nous reverrons deux Arabes du haras du Pin,
Godolphin et *Gallipoly*. Ces deux reproducteurs
précieux, tous deux gris, redonnèrent du ton et
de la chaleur à la race percheronne et transformè-
rent définitivement en chevaux gris la population
de la contrée entière qui était, dit-on, devenue
moins fixe, et composée de chevaux de toutes cou-
eurs,

Les chevaux bretons ont été vivement attirés dans le Perche par l'immense débouché qu'offrent et qu'ont offert, depuis la multiplication des routes, les services publics à la race percheronne. Souvent eux, ou leurs pères, depuis plusieurs générations, y sont nés.

L'union entre les deux races a dû être fréquente. Quand un bon breton s'y est rencontré, on a dû l'employer, et le vieux type indigène, se fondant à ce contact, à tendu à s'effacer graduellement chaque jour, et les traces en deviennent de plus en plus rares. Ce mélange de sang percheron et breton, trop marqué pour être révoqué en doute, tient à plusieurs causes que nous passerons successivement en revue.

CHAPITRE V.

Sa première modification est due à son contact avec la race bretonne.

Le Perche est borné, dans toute sa longueur, par les immenses plaines de la Beauce. A cette position, il a dû, de tout temps, d'être traversé par tout ce qui venait de l'ouest, pour aller approvisionner les services de Paris et les postes qui y conduisaient.

Point intermédiaire entre le principal foyer du cheval de trait (la Bretagne) et les immenses débouchés que lui offrent la Beauce et Paris, son territoire a été l'étape obligée de ce que l'ouest faisait sortir de son sein. Il a dû être, depuis bien des années, le rendez-vous des races de trait de tout l'ouest.

Puis, voyez dans quelle position exceptionnelle

se trouve cette contrée. Je n'hésite pas à le dire tout d'abord, il n'est pas une seule race française qui se soit multipliée sous d'aussi heureuses influences. Déplorons seulement, en passant, le peu de soins qui ont présidé à sa conservation pure, intacte, à l'opération si délicate des croisements.

Point de plan uniforme et logique pour la multiplier en l'améliorant. Une pensée unique : tirer le plus gros profit possible de cette poule aux œufs d'or...

Quand les postes, le roulage, les services publics se furent organisés et généralisés ; quand tout ce qui se servait du cheval eut pris un développement excessif ; quand l'amélioration de nos routes, la multiplicité des transactions, l'accroissement énorme du commerce intérieur eurent exigé des moteurs nombreux et agiles, tous les yeux se tournèrent vers le Perche. Il lui fallut satisfaire tous ces nombreux débouchés.

Voyons qu'elles étaient les conditions de l'élevage percheron pour y répondre. Comme race, il possédait la meilleure. Forte et légère d'allures, de toutes c'était celle qui possédait le plus de sang. Elle le devait à son sol et à son climat. De toutes, c'était la mieux nourrie, la plus facile à élever, la plus favorablement placée pour être multipliée à bon marché. Avec tout cela, elle avait à ses portes le plus riche débouché connu.

Le roulage, les diligences, les postes, le plus grand débouché qui fût au monde, recherchaient les chevaux tels que le cultivateur percheron aimait à les faire pour lui-même. De là cette entente sympathique qui se développa de plus en plus entre le producteur du Perche et le consommateur occupé des transports publics. Et le désir de répondre toujours à la demande fut une des causes les plus vives de la dégénérescence et des emprunts faits aux espèces limitrophes.

CHAPITRE VI.

Conditions de l'Elevage.

———

Nous savons comment les sexes sont répartis dans le Perche : une partie de la province fait naître, l'autre partie élève ce que celle-ci a produit. Quelle que soit la catégorie à laquelle elle appartient, légère ou forte, ou participant des deux, la jument est saillie chaque année. Stérile, elle est vendue et passe dans les services publics, si ce défaut persiste. Pendant la gestation, elle travaille constamment. Quelques jours de repos, avant et après la mise bas, tels sont ses moments perdus. Le reste du temps son travail paye largement sa nourriture et l'intérêt du prix de revient.

A cinq ou six mois, le poulain est sevré brusquement et vendu. Son prix varie de cinq à six cents francs, quelquefois, mais exceptionnellement, plus. C'est un bénéfice net pour le propriétaire.

Sa production n'a rien coûté.

Conduit dans les plaines fertiles de l'intérieur, vers Mauves, le Pin, Regmalard, Corbon, Longny, Réveillon, Courgeron, Saint-Langis, Villiers, Courgeoust, etc., il reste un an improductif. L'hiver, nourri de trèfle, à l'écurie; dans la belle saison, il est placé dans les champs, et là il consomme ce qu'il trouve.

Somme toute, il est assez pauvrement alimenté avec le son, l'herbe ou le foin qu'on lui donne.

C'est qu'il est encore improductif pour son maître, et il s'en ressent. Mais patience, son temps le plus dur est passé; le travail va bientôt améliorer son sort. Il arrive ainsi à 15 ou 18 mois. Qu'a-t-il coûté d'entretien? Bien peu de chose. On l'évalue de 80 à 100 francs, à peu près. A cet âge, il est soumis au travail. Docile de sa nature, entre les mains d'un homme toujours patient et doux, son dressage est généralement facile. Appliqué aux travaux de la ferme, il laboure, ou bien il est employé aux charrois. Attelé avec quatre ou cinq poulains de son âge, tous ensemble charrient ce que deux bons chevaux traîneraient aisément. Placé en tête de deux bœufs, ou associé à trois de ses compagnons, il laboure et n'est jamais excédé de travail.

Alors, il est beaucoup mieux nourri, beaucoup mieux soigné. Son moral s'élève, et son maître semble se complaire à contempler les progrès et le développement de ses aptitudes. Aussi, quand on parcourt le Perche, s'arrête-t-on involontairement au milieu des champs pour le voir travailler. On ne se lasse d'admirer la vigueur qu'il déploie et la douceur avec laquelle il est traité.

C'est que l'appât est là. A peine aura-t-il trois ans, que le fermier beauceron viendra l'acheter pour le mener soulever les terres meubles et douces de la Beauce. Il faut le lui conserver intact, ne pas nuire à son développement, l'exciter au contraire.

Maître, grands et petits valets, tous profondément pénétrés de l'amour du cheval, concourent à cette œuvre avec une admirable entente.

Il a donc travaillé ainsi pendant un an, abondamment nourri, mais ne recevant que peu ou point de grain. Soumis à un travail doux, suffisant pour payer ce qu'il consomme, son maître en a retiré le fumier et un gros intérêt, comme on va le voir tout à l'heure.

Ce travail prématuré, qui lui eût été nuisible chez un éleveur peu soigneux, a tourné au contraire à son bénéfice quand il s'est trouvé dans les mains d'un bon maître. C'est le cas si ordinaire, que le contraire fait l'exception. Il a grandi il s'est developpé, il s'est fortifié.

Alors vient, comme nous l'avons dit, le fermier beauceron qui l'achète. Ce dernier habite un pays d'une richesse proverbiale. Les labours y sont nombreux, mais la nature du terrain les facilite extrêmement. Les terres très-divisées et presque toujours éloignées les unes des autres, rendent les charrois rapides indispensables.

En Beauce, le cheval ne saurait être remplacé, comme bête de travail ; quelque cher que soit son entretien, son usage est indispensable ; le bœuf ne peut donc lui faire concurrence. C'est un fait de la plus haute importance qu'il faut signaler, c'est à lui que le cheval percheron doit une part de sa célébrité.

La Beauce, est comme on le sait, le pays des céréales par excellence ; le cheval et le mouton sont à peu près les seuls animaux qui y produisent ce fumier qu'exigent de semblables cultures. Qu'on ajoute à celà les nombreux labours à faire et l'extrême richesse de la contrée et l'on aura la raison de ce grand nombre de chevaux que possède le fermier beauceron.

A trois ans, le percheron a vendu son élève 900 francs, 1,000 francs, quelque fois d'avantage,

suivant son mérite. Mais il ne l'a fait que pour
acheter d'autres poulains; le bénéfice a été, en
effet, assez grand pour l'y engager. Il n'a eu contre lui que les chances de mortalité. Elles sont
peu de chose : c'est une race paysanne, elle est
dure par conséquent. Le plus grave, ce sont les
accidents; il en arrive quelquefois. Vivant au dehors, mêlé à d'autres animaux, le jeune poulain
subit un peu les influences du hasard. Mais les
champs sont clos, l'œil du maître le suit, et, en
somme, le gros bénéfice couvre tout.

Arrivé en Beauce, à trois ans, il est soumis à
un rude travail. Le labour est facile, mais il y en
à tant à faire!... Il faut qu'il aille vite, les terres
sont fort étendues et il faut semer!... semer et
récolter. Ces deux mots résument l'agriculture
beauceronne. Autrement dit : labours et charrois.
Pour le cheval, le tout doit être fait promptement
et à grands pas.

Mais, s'il se fatigue, en revanche, rien ne lui
est épargné.

Il mange du grain à discrétion et tout le foin
qui lui est nécessaire. Qu'importe au fermier! Le
travail et le fumier ne lui paieront-ils pas sa nourriture? Et, d'ailleurs, comment ferait-il? Rien
ne peut y suppléer, nous l'avons vu. Nécessité n'a
pas de loi.

Il vit ainsi, un an, admirablement nourri.

Quelquefois il succombe à la tâche : la mortalité est assez grande en ce pays. Mais aussi, ce qui résiste, après un semblable entraînement, offre bien des garanties au marchand qui l'achète, pour le faire passer aux services accélérés et aux omnibus, s'il y est propre, ou aux travaux de terrassements, aux bâtisses, aux charettes de Paris, s'il appartient à la race de trait.

A cinq ans le maquignon l'achète. Rendez-vous est pris pour la foire de Chartres, le jour de la saint André. C'est là que s'opère la livraison ; le fermier l'y conduit. Les prix varient entre 1,000 et 1,400 francs. Le bénéfice est minime, quelquefois nul. Le plus net a été son travail, et, je le répète, son indispensabilité. Tout ce qui était trop faible est mort ; la portion qui survit ne le doit qu'à sa bonne organisation.

Avant d'être consacré à son service définitif, il est donc passé par quatre mains : toutes ont partagé les bonnes et mauvaises chances de son élevage. Les plus graves ont été pour son dernier propriétaire ; mais aussi c'était le plus riche, c'est à lui qu'il a été le plus utile.

On voit donc qu'il n'a presque rien coûté d'entretien et que déjà son travail commence à payer sa nourriture. A mesure que celui-ci s'accroît, l'autre augmente, et cette progression, inhérente à son développement, chemine parallèlement avec lui.

Aussi, parfaitement nourri, et exercé dès le jeune âge, le percheron a toujours été le premier cheval de trait du monde, et il aurait été sans cesse s'améliorant s'il n'avait trouvé dans ses admirables qualités mêmes la cause de sa dégénération et de son effacement.

CHAPITRE VII

Causes de dégénérescence de la race percheronne

—

Placé, comme nous venons de le voir, possédant les qualités que nous lui connaissons, au milieu des circonstances économiques les plus favorables, la production du cheval percheron a été d'autant plus vivement excitée.

Tout n'était-il pas pour lui? Débouchés sûrs et allant toujours en augmentant. Élevage d'une facilité singulière.

Le Perche est, en somme, peu étendu; la quantité de chevaux qu'il peut produire est limitée : ne pouvant répondre à toutes les demandes, la concurrence s'en est mêlée. Elle était, d'ailleurs, si facile, si avantageuse, si naturelle.

D'abord, les plus beaux types, les mâles principalement, furent vendus. Puis, peu à peu, le débit s'augmentant, les plus belles femelles, à leur tour, commencèrent à paraître aussi sur le marché.

L'intérieur de la France, les étrangers, la Prusse surtout, en ont voulu pour leurs services, et cette contrée, pour se former une race de trait, dont elle avait un besoin absolu, par suite du trop grand raffinement où elle en était arrivée. La vogue était si grande !...

C'est la seule race contre laquelle il n'y a pas eu de récriminations.

C'est bien simple, elle a satisfait un besoin réel et a su y satisfaire largement.

Le débit des poulains devenant de plus en plus considérable, et tous les fermiers ayant intérêt à en acheter pour en élever, la Bretagne a envoyé les siens. Ils ont paru dans le Perche et aux foires de Mortagne, de Courtalin, etc., etc. Ils y ont pris place à côté de ceux du pays.

Les mères recherchées, et par suite vendues, il a fallu les remplacer. Leurs produits se vendaient trop bien pour qu'on ne songeât pas à en augmenter le nombre. De là l'introduction d'une grande quantité de juments bretonnes d'abord, cauchoises et picardes ensuite, etc., etc., se rapprochant le plus, pour la taille et la robe, de la race du pays.

S'il n'y avait encore que les juments bretonnes, je ne m'en plaindrais qu'à demi : elles ont un sang confirmé ; et, d'ailleurs, le Perche n'a-t-il pas contribué à améliorer la race bretonne en y envoyant des étalons fameux, tels que la *Pomme, Bijou* et *Tancrède?* Mais les picardes, les cauchoises, les boulonnaises!... les races scrofuleuses du Nord!...

Cette introduction n'est pas d'hier, elle est déjà vieille. Mais on peut avancer hardiment que ce n'est guère que depuis 1830 qu'elle s'est effectuée sur une très-large échelle. L'ère de 1830 fut celle de l'infusion systématique du pur sang anglais dans nos races françaises de demi-sang. Devenues, par ce fait, moins propres au service, elles commencèrent à se discréditer dans l'esprit des hommes sérieux. Les plus riches coururent au cheval anglais, d'autres voulurent l'allemand, ce qui fit sa fortune. La majorité s'adressa au Perche, c'est ce qui l'obligea à multiplier encore une population devenue déjà insuffisante.

Dans le Haut-Perche, c'est-à-dire vers la partie normande, dans l'arrondissement de Mortagne, l'introduction, — nous en ignorons la cause, c'est peut-être en raison de la présence de quelques bons étalonniers, — l'introduction a été moins

forte ; mais elle n'en a pas moins eu lieu. Toutefois, on en retrouve à chaque pas des traces. Il serait bien difficile, sinon impossible, d'y rencontrer
à l'heure qu'il est des Percherons complétement
purs du mélange d'un sang étranger.

CHAPITRE VIII

Point de départ de cette dégénérescence.

—

Tant que les postes ont été florissantes et que
les diligences ont sillonné la France, c'était surtout le cheval propre à ces services que le Perche
s'attachait à produire. Mais depuis que ces moyens
de transport ont été modifiés, la race, avec eux, a
subi une complète transformation. Comme il n'est
donné, à ce pays, pour l'écoulement de toute la
partie légère de sa population, que les services
accélérés de l'intérieur de Paris, les omnibus, les
services des facteurs des postes, et plus tard les
attelages de poste des châteaux, etc., etc., qui
n'emploient que des chevaux à allures vives, il a
dû songer à la grossir pour remplacer le monopole
des malles et des diligences par un autre mono-

pole. N'avait-il pas devant lui à satisfaire les besoins commerciaux? C'est, à savoir, le camionnage accéléré de Paris et des grands travaux de terrassements et de constructions, et, en province, la consommation des grandes villes et les services de correspondance, du roulage accéléré avec tous les chemins de fer. La crainte de laisser échapper cette branche importante, ouverte à sa spécialisation de force, de vitesse et de franchise, a lancé le producteur dans la voie trop hâtée et trop immédiate des accouplements avec le cheval pesant. Il eût pu le faire plus lentement et d'une façon progressive au moyen de l'accouplement raisonné des types indigènes les plus corsés; mais notre siècle, pressé de jouir, ne lui en a pas laissé le temps. Pour répondre à ces nouveaux besoins, le Perche a ouvert ses barrières toutes grandes à toutes les grosses juments qu'il a pu rencontrer. Beaucoup sont venues de Bretagne, d'autres de Picardie et du pays de Caux, quelques-unes du Boulonnais. Pendant ce temps, l'ancien étalon du pays, vivement recherché par tous ceux qui voulaient se créer de belles races de trait, passait à l'intérieur et même à l'étranger.

La vogue pour la race percheronne était si grande!... Tous les départements ont voulu l'acclimater chez eux.

Les prix de ces étalons sont montés si rapidement en quelques années, qu'ils ont triplé, quadruplé. Aussi les possesseurs les ont-ils vendus. Les autorités administratives, aidées de l'élite des propriétaires, essayèrent cependant de s'opposer à cette émigration. Ils créèrent un haras à Bonneval, mais cet établissement ne fut pas composé de types homogènes et propres à imprimer un mouvement continu et régulier. On a donné des primes à Mortague, à Nogent-le-Rotrou, à Illiers, à Vendôme. Mais on est arrivé à un but contraire à celui que l'on voulait atteindre. Les primes ont servi d'enseigne aux vendeurs. On venait dans le Perche pour acheter des chevaux de premier ordre. Quelle garantie plus sûre que la prime?... Et puis, comment lutter contre des prix de 3 et 4,000 fr. et plus, que trouvait le propriétaire d'un étalon?

On m'objectera que ces étalons, avant de disparaître, avaient déjà fait la monte; je le sais. Mais quelle monte? Ils l'avaient faite avant d'être complets, à deux et trois ans, et c'est à l'âge où ils allaient rendre les plus grands services qu'ils ont fait défaut au pays.

D'un autre côté, ce qui a eu lieu pour les étalons s'est produit également pour les juments. Plusieurs départements en ont enlevé des quantités considérables; il en a été envoyé partout. Beaucoup de propriétaires en ont acheté. C'est ainsi que la tête des poulinières indigènes a disparu peu à peu. La race a été coupée dans sa fleur. Le Perche tendait sa voile au souffle du présent sans songer à l'avenir!...

A ce moment lui sont survenus des étalons de toutes les espèces : bretons, picards, cauchois, boulonnais. Les plus gros ont été préférés. Leur effet a été si rapide, que, sur beaucoup de points, on ne trouve plus aujourd'hui la moindre trace du sang percheron proprement dit. C'est un mélange qui, à l'extérieur, se traduit par de grosses formes, sans type originel, et, au moral, par un sensible abaissement de ce reflet généreux de l'âme, de ce je ne sais quoi qu'on aimait. Races dépourvues du cachet oriental que le Perche eût autrefois désavouées; leur présence, toutefois, n'est pas sans enseignements. Elle donne la mesure des hautes qualités climatériques de cette province, et prouve ce qu'elle pourrait faire avec des animaux bien choisis.

Telle est sa force d'assimilation qu'après quelques générations, nourries sur son sol, elle arrive à les décrasser, à leur imprimer ce feu sacré, cette physionomie qui ne se puisent qu'à la séve de ses coteaux.

Les autorités départementales, sans se lasser du

peu de succès de leurs premières tentatives, re-
doublent d'efforts, d'année en année, pour s'opposer
aux progrès de cette dégénérescence, et essayent
de les combattre par les moyens les plus héroï-
ques.

Le département d'Eure-et-Loir, que n'a pu
décourager la coûteuse épreuve du haras de Bonneval, succombant quelques années après sa naissance, continue toujours son œuvre patriotique et
maintient ses encouragements, donnés en primes
aux étalons et aux poulinières, encouragements
auxquels l'Orne et le Loir-et-Cher consacrent chaque année des sérieuses récompenses.

Il s'est formé depuis quelques années à Châteaudun, dans le but le plus désintéressé et le
plus patriotique, une puissante association de
propriétaires, connue sous le nom de *Société hippique du Perche*, qui a pour mission de fournir
aux cultivateurs de bons reproducteurs.

On a fondé les courses au trot d'Illiers, de Courtalain, de Vendôme, de Montdoubleau et de Mortagne; mais, en tout cela, on n'a pas obtenu de
succès dignes de tels efforts, parce que le mouvement n'a pas été homogène.

Les concours ne donnent trop souvent que le
spectacle du *gros*, systématiquement encouragé,
tandis que les courses, en raison de la vitesse

à obtenir, ont pour conséquence immédiate l'emploi d'un croisement anglais. Si cette opération était encore bien dirigée!... Mais ce sang anglais sera-t-il donné dans de justes proportions? J'en doute. Quand on en donne, on en donne toujours trop; car, ce sang anglais, s'il n'est versé avec une extrême réserve, une suprême parcimonie, si j'ose ainsi parler, a pour conséquence de nuire à la franchise, au développement précoce de la race, de tuer la précocité, cette condition *sine qua non* de la multiplication et des soins dont elle est l'objet. Grâce à ce développement, grâce à cette franchise, son travail paye son élevage. L'éleveur, peu fortuné et appartenant presque exclusivement à la petite culture, ne peut, comme celui qui se livre à l'industrie du cheval de luxe, attendre un remboursement éloigné. Il faut donc, de toute nécessité, conserver à cette race cette facilité d'élevage, cette *honnêteté* qui ont fait sa fortune.

SECONDE PARTIE

RECHERCHE DES MOYENS DE RÉGÉNÉRER
LA RACE PERCHERONNE

Pour retenir l'élite des amateurs sur ses marchés, pour ne pas tomber au rang de la foule des
producteurs, le Perche a besoin de recourir sans
retard à des moyens nouveaux. Il a montré une
déplorable entente dans la descente de la pente,
qui l'a conduit à l'amoindrissement, et dont il
commence à apercevoir les effets.

> « Facilis descensus Averno est ;
> Sed revocare gradum ?...
> Hoc opus, hic labor est !... »

Il lui faut une entente pareille, une unité de

moyens pour remonter la pente. Deux me semblent suffisants pour arriver à ce but : le premier consiste, je crois, à réparer par une suite calculée, non interrompue de croisements homogènes, l'équilibre ébranlé. Cela s'appelle arrêter le mal.

La seconde période serait consacrée à l'emploi de croisements ascendants et améliorateurs, pratiqués avec une sage et circonspecte lenteur. Ceci se nomme progresser.

Parallèlement à ces croisements, devrait marcher, dès le début, l'établissement d'un *Stud-Book* ou *livre d'or* de la race, pour permettre de réunir ce qui existe d'une même famille et fonder ainsi la tête de l'amélioration.

Ces idées, par leur développement, fourniront la matière des chapitres suivants.

CHAPITRE PREMIER

Régénération de la race percheronne

———

Il existe deux modes de croisements à appliquer à une race, modes qui tous deux ont eu leurs partisans avancés et leurs bruyants détracteurs. Tant de bruit ne s'est fait, je pense, autour d'eux, que parce qu'ils ont été simultanément employés et souvent mêlés et intervertis dans leur emploi. On l'eût évité en débutant par le plus simple et en continuant par le plus avancé.

Le premier est la régénération par elle-même, ou croisement (*in-and-in*). Le second est la régénération par les types étrangers.

Nous les passerons rapidement en revue, cherchant parmi les résultats obtenus une base pour asseoir la vérité.

CHAPITRE II

Régénération de la race par elle-même, ou sélection.

———

La première manière, appelée encore *sélection*, consiste à faire dans la race elle-même un choix judicieux, raisonné, des types les plus parfaits; ceux qui excluent autant que possible les défauts les plus saillants de l'espèce; ceux qui rappellent le mieux le type primitif, s'il a possédé de hautes qualités qu'il s'agit de reproduire; ceux qui, sains et vigoureux, semblent avoir entre eux le plus d'affinité. Ce choix doit être rigoureux et sévère, et dût le petit nombre des élus effrayer d'abord, ne transiger jamais.

Pour les produits issus de cette première sélection, faire un choix identique, en tirer race encore et toujours marcher persévéramment dans la même voie, sans regarder jamais ni à droite, ni à gauche, c'est-à-dire sans s'arrêter jamais ni aux conseils qui veulent modifier l'œuvre commencée, ni aux éloges qui peuvent porter à vouloir arriver trop vite. Aller trop vite est un excès plus grand peut-être que s'arrêter en chemin, en ce que plus tard il oblige à rétrograder et réduit souvent à néant les résultats de plusieurs années de succès.

Il est indispensable que les sujets, dont on veut tirer de bons produits, soient complétement adultes, c'est-à-dire que les mâles aient au moins quatre années accomplies et que les femelles en aient au moins trois bien comptées.

Livrer impitoyablement au commerce les types les moins bien réussis, garder précieusement les bons. Parmi ces derniers, les mâles, après quelques campagnes fournies à l'âge adulte, pourront être vendus sans inconvénient; quelques bons types éprouvés suffisent dans un canton.

Mais, il ne faut jamais se séparer des femelles, quand elles se font remarquer par leur conformation, leur tempérament, leur aptitude au travail et leurs qualités comme reproductrices.

Aussi, pour éviter aux cultivateurs des tentations toujours dangereuses, et comme moyen de bonne direction, des primes deviennent une question de vie ou de mort dans l'avenir de la race. C'est, en effet, au moyen de primes et d'encouragements, largement répandus sur la classe des juments de trois à dix ans inclusivement, que l'on peut les retenir au sol. Primées à trois ans, après qu'elles ont été saillies, en ne payant d'abord que la moitié de la prime et n'acquittant le reste qu'après qu'elles auront pouliné et qu'elles auront été saillies de nouveau, on les aura virtuellement dans la main. Passé dix ans, comme elles ne sont plus d'un écoulement ni tentant, ni lucratif, on peut sans crainte cesser à cet âge de les encourager. D'ailleurs, l'éleveur qui, pendant huit années, a reçu en primes une somme souvent supérieure à la valeur vénale de sa jument, et reconnaissant qu'il possède en elle une reproduction de mérite, ne fera plus, pour un prix devenu dérisoire, la folie de la laisser partir.

Quand au mode de distribution de ces primes, il est dans son emploi d'une délicatesse si extrême, que j'ose à peine l'indiquer.

Les primes provenant de sommes votées par les conseils généraux, aux membres de ces assemblées revient de droit et tout naturellement l'honneur de les distribuer. Je voudrais donc que, dans chaque canton (ce que je vais dire exclut les concours publics, dans lesquels un jury nombreux

et par la même imbu d'opinions souvent diver-
gentes, s'oppose à l'exécution d'une pensée unique), le conseil général et le conseil d'arrondissement, chargés en même temps de l'établissement
du *Stud-Book*, dont je parlerai dans un chapitre
à part, voulussent bien accepter cette mission,
dont ils s'acquitteraient avec l'aide de l'inspecteur
général des haras. Chaque année, par leurs soins,
les juments d'un canton seraient scrupuleusement
examinées et classées pour la prime.

Ces encouragements seraient accordés, pour
huit ans, aux meilleures pouliches de trois ans,
auxquelles cette distinction donnerait entrée au
Stud-Book. Dans la première année de l'établissement de ce livre, destiné à contenir les documents
généalogiques relatifs aux sommités de la race, les
juments au-dessus de trois ans, qui auraient mérité
d'y trouver place, seraient également primées, et
cette pension leur serait allouée jusqu'à l'âge de
dix ans,

Ces encouragements seraient annuels et mainte-
nables tant que la jument primée serait, dans le
département, consacrée à la reproduction et qu'elle
y demeurerait propre, c'est-à-dire exempte de
cornage, de fluxion périodique. Les autres tares
qui auraient pu lui survenir par suite du travail et
de la vieillesse, seraient tolérées.

Pareilles primes devraient, d'après le même

mode et aux mêmes conditions, être accordées
aux étalons, sans se préoccuper du cumul, c'est-
à-dire des encouragements qui pourraient d'autre
part leur être affectés. Mais, comme les ressources
dont dispose un département, même aidées de
dons particuliers, ne sont pas inépuisables, il serait
urgent que les primes, toujours larges et rémuné-
ratrices, de deux à quatre cents francs pour les
juments, de quatre à huit cents francs pour les
étalons, ne fussent accordées qu'à des individua-
lités d'un mérite réel; la qualité, lorsqu'il s'agit
de régénérer une race, suppléant toujours au
nombre.

Il faut, surtout, par tous les moyens dont on
peut disposer, exciter les éleveurs sérieux à conserver ou à acheter quelques Percherons d'élite
présentant dans tout leur ensemble le type étalonnier. Et, si les primes de 4 à 800 francs, dont tout
à l'heure nous avons demandé la concession, ne
paraissaient pas aux autorités départementales un
moyen suffisant pour imprimer l'élan nécessaire
à la réussite complète de cette mesure, les départements devraient acheter eux-mêmes quelques types précieux, et les employer, soit eux-mêmes, en
donnant la saillie gratuite aux plus belles juments,
soit en les confiant à de bons cultivateurs, chez
lesquels ils seraient primés et employés, avec une

presque gratuité, aussi longtemps que leur santé pourrait leur permettre d'être utilement conservés. Après un certain nombre d'années de soins, ces étalons pourraient même devenir leur propriété, comme ils pourraient, dès le début, leur être concédés à prix réduits, avec obligation, d'une part, d'être employés avec entente et conservés avec soin, et, d'autre part, avec la promesse d'une prime largement rémunératrice. L'amour du gain a poussé le paysan à se dépouiller de tout ce qu'il avait de bon ; il appartient à l'autorité par l'appât du gain, de pousser ce paysan à retrouver sa voie.

S'opposer autant que possible à ce que les étalons saillissent avant quatre ans révolus et que les pouliches soient livrées à la reproduction avant d'avoir atteint leur troisième année. On y arriverait en ne primant, dans les classes des pouliches, que celles qui auraient été saillies à trois ans, et par des étalons âgés de quatre ans au moins.

Le croisement par sélection a de nombreux adhérents, et, de tout temps, les meilleurs esprits, les hommes les plus pratiques, ont été unanimes à proclamer que *le sang ne se conserve et ne s'améliore que par le sang*, c'est-à-dire par la sélection. Il est facile et peu coûteux, en ce que l'on a toujours sous la main les sujets nécessaires ; il est naturel en ce que sa simplicité l'indique à toutes les intelligences. Et, s'il n'a pas ces ailes qui plaisent aux pressés de jouir, il est toujours sûr. Car, sans donner d'abord de résultats hors ligne, il ne manque jamais son effet, en raison de l'affinité existant entre les divers individus, et en raison surtout de leur parfaite identification au climat et au sol. En effet, cette identification n'est pas indifférente, et il est d'expérience que des animaux, classés sur le sol natal pour leur sûreté de reproduction, pour les qualités constantes de leur descendance, ne sont pas plutôt importés dans une autre contrée, qu'ils ne sont plus eux-mêmes. Souvent plusieurs années s'écoulent avant qu'ils n'aient repris cet équilibre de santé, cette quiétude de fonctions animales qui leur permet de se reproduire d'une façon sûre, fixe et égale, sans laquelle il n'existe pas de type sérieusement améliorateur.

La sélection a été longtemps pratiquée dans le Perche, et elle y a longtemps produit des résultats marquants. Elle n'a cessé d'être sûre que le jour où des individus, venus de Bretagne (je n'ai d'autre grief contre eux que de manquer un peu de distinction), de Picardie, du pays de Caux et du Boulonnais, y ont pris place pour faire nombre et regrossir la race. Apportant en eux un sang qui n'avait plus la même chaleur et la même affinité, ils ont troublé tout l'équilibre par la diversité des mouvements imprimés.

Dans l'espèce bovine, nous avons de curieux exemples de la sûreté de la sélection, ce sont ceux que fournissent le Cotentin, surtout, dont la race est la plus belle, la meilleure et la plus recherchée de France. On s'est toujours, dans ce pays, défendu comme d'un crime, de la croiser avec le sang étranger, que la mode, à telle ou telle époque, a voulu imposer. C'est ainsi que se sont formées les plus belle familles bovines de la Manche, et notamment celle de M. Mannoury, de Canisy près Saint-Lô. Les succès de cet éleveur datent de l'Ebisey, près Caen, où il avait débuté il y a peu d'années, et ils peuvent être l'objet d'une étude facile.

Un taureau de race cotentine, le plus parfait et le mieux né qu'il put trouver, donné à des genisses de même race, choisies parmi le plus beaux types, tel fut le point de départ officiellement constaté. La sélection, s'opérant sur les produits, comme elle l'avait fait au début, continua sans se lasser, la même marche et, par ce moyen, elle a fait une famille dont tous les membres sont pareils entre eux et constamment transmettent des qualités identiques.

Une objection ne manquera pas de se produire ici, comme elle se produirait encore, si, après

avoir débuté par des croisements étrangers, il se
trouvait un type sur lequel on voulût longtemps
et profondément concentrer ses efforts en raison
des qualités qu'il présenterait : je veux parler de
la consanguinité. La consanguinité contre laquelle,
dès le berceau, nous avons été tous prémunis de
cent façons diverses.

CHAPITRE III

De la consanguinité

La consanguinité n'a ni partisans, ni amis. Unanimes à la poursuivre, le physiologiste, le médecin, le prêtre, le législateur, lui ont lancé toujours le même anathème.

Tous, en la combattant, savaient qu'elle était le plus énergique des moyens de fondation; mais, tous, préoccupés de chercher un mode de fusion universel, ont cru trouver dans cette prohibition un niveau moyen destiné à tout égaliser.

On craignait que certaines races ne devinssent trop personnelles, trop accentuées dans leurs tendances, et tout le monde, sans se l'avouer, s'est efforcé de fermer une voie qui, à l'inverse du

Code, pourrait mener à l'accaparement des fortunes.

La consanguinité, dans le cheval, n'a pas les mêmes inconvénients politiques, cela saute aux yeux; mais, chez nous, pays de législateurs, on a tout voulu assimiler, tout coucher sous le même niveau. La consanguinité chevaline n'a pas, plus que l'autre, trouvé grâce devant les ordonnateurs de toutes choses.

Un fait frappe, cependant, d'abord quiconque a étudié les races chevalines, suivi pas à pas leurs produits et s'est initié à la connaissance de leurs performances. Ce fait est celui-ci :

Un cheval s'est-il fait remarquer entre tous par quelqu'un de ces trois côtés : beauté personnelle, hautes qualités, sûreté de reproduction, remontez hardiment à l'origine, et vous vous trouverez, à chaque pas, face à face avec la consanguinité, c'est-à-dire le redoublement d'une race sur elle-même, le produit de grandes qualités multipliés par les emprunts faits à la source d'un sang généreux.

En Angleterre, la race pure, qui n'a été formée qu'avec un nombre très-restreint d'agents primitifs, et qui, conséquemment, devint bientôt consanguine, s'est de nouveau, et à deux époques distinctes, assimilé, à tous les degrés et par centaines de fois, le sang de deux groupes fameux, représentés : le premier, par *Byerly Turk, Darley Arabian* et *Godolphin Arabian*; le second, par *Matchem, Herod* et *Eclipse*. Aujourd'hui, elle ne se maintient que grâce à une universelle consanguinité, et tout ce qui existe de bon, remontant fatalement à ces seuls auteurs, ne forme plus qu'une même et unique famille. De magnifiques résultats sont sortis de ces alliances, et chaque jour on peut constater, que ce sang ne s'est pas amoindri.

Il en est de même dans tous les pays d'élevage et il a été démontré, preuves en main (voir le journal *La vie à la campagne*, n° du 30 novembre 1863), que, dans le Merlerault notamment, cette pépinière des belles races françaises, tout ce qui existe et tout ce qui a existé de hors ligne est le produit de la consanguinité.

Voici qu'elle était la conclusion de cette note :

. . . .

Ces exemples (les listes généalogiques des meilleurs chevaux), recueillis avec soin, me vaudront peut-être l'accusation d'être partisan de la consanguinité.

En principe , j'en condamne l'usage absolu; mais, dans de certaines limites, je l'admets et je le conseille, surtout aux débuts, lorsqu'il s'agit d'asseoir et de constituer une famille destinée à peser sur les destinées amélioratrices d'une contrée.

Unir entre eux vices de conformation, de caractère, de tempérament, c'est les rendre à jamais indélébiles. Unir les qualités, les beautés, les aptitudes, c'est en conserver le privilége dans une famille.

Aussi, aimerais-je, lorsque apparaît dans la reproduction ou sur l'hippodrome, un de ces types enviés dont la nature se montre d'ordinaire si avare, que de judicieux essais, tentés avec patience, vinssent fixer des qualités sujettes à disparaître, et cueillir, pour ainsi dire, la source complète d'où elles émanent.

Les frères, les sœurs, les collatéraux seraient conviés, mais une fois seulement, à ces alliances qui pourraient même remonter, s'il en était temps encore, jusqu'aux ascendants, en raison des ressemblances qui se remarquent entre les aïeux et leurs petits-enfants.

Plus tard, les résultats vraiment sérieux et complétement réussis d'une famille ainsi confirmée, seraient, d'après les règles d'un croisement intelligent, alliés aux représentants également confirmés de quelque autre famille précieuse, apte à former de nouveaux rejetons.

CHAPITRE IV

Y a-t-il lieu de maintenir d'une façon inflexible la robe grise du Percheron ?

———

J'ai beauconp aimé autrefois les chevaux gris, et j'ai offert plus d'une fois mon encens à cette robe. Mais le temps, qui toujours marche et qui toujours apporte quelques modifications à ce qui existe, a fait taire mes illusions.

Aussi, tout en avouant qu'autrefois j'ai préféré le cheval gris à celui d'une autre nuance, aujourd'hui, loin de moi de me montrer exclusif et de chicaner contre l'universalité des personnes éclairées qui semblent vouloir adopter les robes sombres. Je ne veux qu'une chose, sauver la race percheronne et conserver au Perche sa prospérité et sa gloire.

Si j'ai aimé le cheval gris, c'était par conviction et non pas pour faire ma cour à certains, qui, hors du gris, ne voient pas de salut. Mais, lorsque la sagesse et les hautes perceptions des maîtres de la science, qui préfèrent une couleur moins voyante, m'ont démontré que le Perche devait retrouver une ère de gloire et de prospérité nouvelle en modifiant la robe de ses chevaux et en élargissant ainsi, pour eux, la sphère de la consommation, je me suis docilement rangé à leur opinion. J'aimais le cheval gris parce que j'avais pensé que la Providence l'avait créé gris pour pouvoir supporter, en travaillant, les ardeurs du soleil et n'être pas asphyxié sous ses feux. Je l'aimais gris, comme l'Arabe aime son cheval gris et son burnous de couleur blanche ; comme le planteur américain aime son vêtement de basin blanc et son panama ; comme notre soldat, en campagne, aimait, sous le ciel d'Afrique ou du Mexique, le voile blanc qui le garantissait des feux de l'astre brûlant. Je l'aimais gris, parce qu'il me semblait mieux que tout autre rappeler l'Arabe, le cheval primitif ; parce que le Perche, ayant toujours possédé des chevaux gris, je me croyais infiniment plus de chances de trouver, sous cette robe, le type du pays ; parce que j'avais été bercé aux accents de cette vieille ballade de nos

ancêtres célébrant Charles de Trie, seigneur percheron, allant combattre les Anglais à la bataille
de Poitiers :

> Ce biau sire de Trie
> Sur son *blanc* destrier
> Contre gent ennemie
> S'en va pour guerroyer, etc., etc;

parce qu'enfin, dans mon enfance, j'avais respiré la
poussière de vieux parchemins faisant mention des
blanches cavales percheronnes. Je l'aimais gris,
parce que, pour le service des postes et des courriers, dans les longues étapes, au milieu de la nuit,
le cheval gris me semblait plus facile à diriger qu'une
cheval de couleur sombre. En dernier lieu, il
m'avait toujours paru que cette robe allait mieux
que toute autre aux formes puissantes d'un vigoureux ouvrier. Un beau, solide et loyal paysan ne
vous plaît-il pas mieux, n'est-il pas infiniment
plus à l'aise sous la blouse gauloise recouvrant ses
larges épaules que sous les sombres plis d'un frac
qui le rendrait tout gauche et tout décontenancé?
Mais tout cela est bien changé!... Le pays n'a
plus de type propre au milieu de cette grise macé-
doine de Bretons, de Picards et de Cauchois qui
composent la population chevaline du Perche. Si le
Percheron cessait d'être fatalement parqué dans le
camp gris, s'il devenait de toutes nuances, mais en

demeurant bon, et tel que le Perche sait le faire,
il cesserait d'être déshonoré par ces éternels pla-
giaires, qui, parce qu'ils sont gris et qu'ils ont
traversé le Perche, se donnent effrontément pour
percherons. S'il devenait de toutes nuances, en
conservant ces qualités et ce mouvement qui sont
l'apanage de tout ce que créent les végétaux toni-
ques du Perche et son air vivifiant et pur, il ne serait plus réduit au seul rôle spécial de fournir à la
remonte des 6 à 7,000 chevaux que consomment
chaque année les omnibus et le camionnage, plus
les 6 à 700 chevaux types que l'étranger vient demander au Perche. Il pourrait, peu à peu, concourir
aux satisfactions du demi-luxe, aux besoins des équi-
pages de chasse et de l'armée ; il remplacerait avan-
tageusement le cheval allemand qu'il nous faut
employer à défaut de meilleurs.—Les postes n'exis-
tent plus, et plus n'est besoin de chevaux gris pour
les services de nuit au milieu des ténèbres des grandes routes. — Les machines à vapeur, remplaçants
indispensables des bras qui manquent aux campagnes, devant bientôt exécuter, en partie, les labours
et les travaux des champs, le cheval y sera moins
employé, et celui qu'on demandera, ayant moins
de difficultés à vaincre, pourra être plus léger,
plus distingué, plus de luxe et plus propre à s'a-
dapter aux exigences du commerce et de la mode.
— La mode, enfin, ne voulant absolument plus de

chevaux gris, et le percheron, ne trouvant plus un
emploi suffisant dans les omnibus, il se verrait
bientôt enserré dans une impasse s'il ne prenait
les devants, et si, pour se faire accepter, il ne
devenait plus distingué et d'une couleur plus sombre, conformément aux exigences de l'époque.

C'en est donc fait, il faut qu'il endosse un manteau moins voyant; mais il ne peut le faire qu'à la
condition de devenir, grâce à de bons croisements,
plus présentable et plus distingué. Quoi de plus
ridicule, en effet, qu'un cheval vulgaire et commun,
vêtu de la livrée du cheval de luxe et de bonne
maison!...

Occupons-nous donc sérieusement de trouver
des reproducteurs de robes sombres; le moment
m'en paraît arrivé. Mais où irons-nous les chercher? Tournons autour de nous nos regards et
cherchons dans le Perche.

Si vous y trouvez, sous une robe sombre, un
vrai Percheron possédant toutes les qualités, toutes les spécialités de la race, hâtez-vous; prenez-le
et teignez vos chevaux. Je vous en donne sincère-
ment le conseil. Toutefois, comme dans l'état ac-
tuel des choses, il est rare que le beau et le
sombre se rencontrent ensemble chez les races
travailleuses, en raison de l'horreur que l'on avait
jusqu'ici professée pour tout ce qui n'était pas
gris, ce serait le cas de teindre la robe avec de

beaux Arabes, à robes sombres, ou avec de bons
Norfolks bien choisis, sujet que nous traiterons au
chapitre des croisements. Quand à le faire autrement, il y faut renoncer : on ne trouverait pas
d'éléments dans le Perche.

Ceci, du reste, n'est qu'un détail. — Le point
essentiel est d'unir le gros au distingué, le poids
aux allures, la douceur à la vigueur, la rusticité
au tempérament énergique, la sobriété, la précocité ; enfin, pour me répéter une centième fois, à
un peu plus de montant et de chic. Corrigez les
défauts de conformation, les imperfections de couleur, sans affaiblir, sans contrarier l'harmonie des
admirables qualités qui ont fait du Percheron le
premier cheval de l'époque.

CHAPITRE V

**Conserver intacts, et sans mélange, les trois types
du Percheron : le cheval léger, — le cheval
de trait, — le cheval intermédiaire.**

———

Nous avons, au chapitre II de la première partie,
parlé des trois types que présente la race percheronne : le cheval léger, le cheval de trait et le cheval
intermédiaire, ou cheval de poste. Ces trois gen-
res, produits de longues alliances et du sol, ont
leur raison d'être et leur spécialisation marquée.
La raison veut donc qu'on les conserve, et, qu'en
les maintenant toujours dans leurs attributions, on
suive pour eux cette marche améliaratrice qui nous
pousse à tout embellir. Le premier est appelé à la
faveur de devenir le cheval de poste et de service des
châteaux, et l'agent de locomotion le plus sûr et le
plus agréable. Le second est irremplaçable pour le

camionnage accéléré et les travaux de construction et de terrassements de Paris et des grandes villes. Au troisième, les omnibus offrent un débouché sans égal.

Il importe, par conséquent, de les maintenir sans mélange et de les continuer sans secousses dans leur ensemble et leur conformation. Aussi, faut-il éviter, sous prétexte de grandir ou de grossir une classe, de la croiser avec l'espèce supérieure en taille et différente de conformation, d'aptitude et tempérament.

Les plus gros et les plus forts d'une même classe, unis entre eux, produiront plus sûrement qu'un croisement trop hâtif le genre demandé. Rien de plus risqué que ces alliances faites en dehors de la logique. C'est par elles qu'on détruit l'harmonieuse disposition des formes et qu'on amène, par un intervertissement irrationnel, cette confusion dont l'abâtardissement et l'absence d'homogénéité ont toujours été la suite. Il importe donc, dans la réunion des types, de ne jamais perdre de vue la parité et les similitudes de conformation et d'aptitudes. Mais, en même temps, ennemi d'une immobilité que le commerce et la consommation réprouvent, également il faut marcher avec le siècle, étudier ses tendances et toujours se tenir prêt à guider un mouvement qui vous entraînerait à sa suite.

Aussi, ne faut-il pas perdre de vue, par exemple

que, pour la race percheronne qui nous occupe
en ce moment, les services auxquels elle est affec-
tée ne sont plus les mêmes qu'autrefois. Celui
des omnibus, notamment, qui, il y a dix années
à peine, était considéré comme le plus doux,
est devenu aujourd'hui le plus dur, celui qui réclame le plus de gros, tout en exigeant des allures
et de la vigueur.

D'un autre côté, en raison de profondes modifications effectuées dans l'existence et les habitudes
de locomotion de la grande propriété, la race percheronne s'est trouvée singulièrement mise en jeu.
Presque toutes les personnes de haute existence
ont aujourd'hui adopté, pour le service de leurs
habitations aux gares des chemins de fer, leurs
courses à la campagne, leurs rendez-vous de
chasse, des postes de percherons, qui se choisissent
dans la classe légère. La grande habitude de voya-
ger vite, rendant ces consommateurs plus exigeants
qu'ils ne l'étaient autrefois, il en résulte la nécessité de trouver dans le Perche des agents qui aient
du poids et de la vigueur sous une forme légère
et avenante. Aussi, doit-on s'ingénier à donner le
plus de vitesse possible (tout en lui conservant
son cachet) à cette classe qui maintenant offre un
débouché important. Pour y arriver promptement,
il y aurait lieu de recourir à l'étalon arabe, et ce
serait, certes, le moyen le plus expéditif. Mais la

race percheronne, telle qu'elle est aujourd'hui, comme je ne la trouve pas suffisamment préparée à cette alliance et que je la crois avoir besoin encore de deux ou trois générations au moins de croisements préparatoires sur elle-même, il faut, pour atteindre ce but, débuter par les mariages appelés : *in-and-in*.

On commencerait d'abord par explorer les centres percherons exclusivement voués à l'éducation des juments, et, dans ces milieux, on visiterait spécialement les localités où la taille prend peu de développement. On y ferait choix d'un noyau de 15 à 20 femelles, des meilleures, des plus membrées, des plus compactes, des mieux trottantes et ayant de 9 à 10 pouces grand maximum.

Un travail identique s'effectuerait dans les contrées où s'élèvent les poulains mâles, et on y choisirait quelques étalons légers, s'assimilant le mieux possible aux juments par une conformité et des qualités pareilles.

La résultante, dans ce qu'elle aurait de digne, serait, à son tour, l'objet d'appareillements exécutés avec les mêmes soins, et, dès la troisième génération, on trouverait des types assez confirmés, soit pour faire souche de race entre eux, soit pour être croisés avec l'Arabe, ce dont nous parlerons au chapitre suivant.

Si une taille un peu plus élevée venait à être

demandée, il ne serait pas besoin de recourir à d'autres types que ceux que je viens d'indiquer. Des chevaux bien équilibrés se prêtent à toutes les modifications. Une nourriture plus tonique, plus substantielle, des milieux plus fertiles augmenteraient la taille et le volume tout en augmentant la dose de vigueur et de force.

Voulez-vous des chevaux d'omnibus?... Vous les obtiendrez en choisissant, dans les contrées qui produisent le mieux le cheval de poste, les types les plus puissants, les plus corsés, les plus avantagés sous le rapport de la taille, les meilleurs trotteurs, Mais ne transigez jamais sur aucun de ces trois points : le gros, la vigueur, les allures.

Les animaux les plus identiques pour la taille et la conformation seraient donc alliés entre eux, d'après le mode indiqué ci-dessus, et lorsque gros, vigueur et allures se rencontreraient sans coup férir à toutes les générations, il y aurait lieu de donner alors, mais seulement alors, à son œuvre une certaine élégance. L'étalon Arabe, dont le propre, comme nous le verrons plus tard, est de donner du gros et de faire plus fort que lui, tout en imprimant son cachet de distinction suprême, pourrait venir alors tout confirmer et tout embellir.

Les chevaux de gros trait et de camion accéléré doivent avoir du poids : c'est une condition *sine*

quia non; mais on se tromperait fort si l'on se tenait dans les attributs exclusifs de la masse. Il
leur faut des membres et des muscles puissants,
unis à une grande vigueur. Ce croisement, bien
que le plus facile, présenterait aussi des dangers
si l'on se contentait du gros et de la masse; on
tomberait bientôt dans le domaine de la lymphe.
Il est donc urgent, pour les types dont la puissance satisfait aux exigences du trait, de choisir
ceux qui sont les plus distingués, les plus nerveux,
les plus membrés, les plus vigoureux et *vice versa*,
les moins empâtés et les moins lymphatiques. On
les trouvera dans les centres élevés, secs, où la
nourriture est abondante et tonique.

Si le Perche, proprement dit, si la Beauce, si
les environs de Châteaudun, ce que je ne saurais
croire, ne se trouvaient pas en mesure de fournir
leur contingent complet dans cette spécialité,
on pourrait recueillir quelques bons spécimens
parmi les poulains percherons élevés aux environs
de Bernay et dans la plaine de Sens.

Cette espèce (le cheval de trait) demande beaucoup moins de soins dans le choix des mères et des
étalons. Elle est infiniment plus élémentaire, puisque c'est le poids que l'on doit principalement
rechercher. Toutefois, il est bon, indispensable
même, de prendre des individus ayant les reins
bien attachés et très-courts, de bons jarrets pour

soutenir et diriger les fardeaux énormes qu'ils sont obligés de supporter.

Des accouplements judicieux, exécutés constamment d'après une pensée définie et toujours identique, tendant à augmenter le poids et la force, tout en conservant les nerfs et la vigueur, une nourriture tonique et abondante, l'éducation circonscrite dans les milieux les plus propres à donner du montant et du gros, tels seraient les moyens à employer. Et bientôt, le Perche, placé dans une situation sans rivale pour le présent et surtout pour l'avenir, pourrait à jamais se dispenser de rien demander aux croisements étrangers. Car, si le choix de l'étalon et de la jument est si capital pour la production du poulain, le climat, le genre d'alimentation, les habitudes culturales, le milieu enfin, sont pour beaucoup plus encore dans le développement de cet animal. Il devient donc assez difficile d'indiquer, d'une façon sans réplique, à quels types on doit, dans tel ou tel cas, donner la préférence. Les meilleurs sont ceux qui répondent le mieux aux besoins de la région.

CHAPITRE VI

Amélioration de la race au moyen de croisements étrangers.

———

Cependant, si la force acquise et les défauts corrigés, l'élégance se faisait trop attendre, on pourrait la demander à de judicieuses alliances avec des types étrangers les mieux appropriés.

L'amélioration par l'étranger est celle qui s'opère au moyen d'agents venus du dehors. Deux auxiliaires différents s'offrent à nous dans cette voie : l'Arabe, l'Anglais et ses dérivés. Partant de cette donnée, examinons, étudions l'un et l'autre et essayons, par analogie, à découvrir celui des deux qui peut le mieux convenir, ou, pour mieux dire, celui qui est le moins défavorable du Perche.

Ces deux modes je les étudierai l'un après l'autre avec quelque détail, laissant au cultivateur,

partie la plus intéressée dans la question, le soin
d'employer celui qui lui semblera le meilleur et le
plus approprié à la fertilité, à la nature des milieux
qu'il habite. Mais je dois, dès en commençant, po-
ser en principe que l'un comme l'autre sont plus
coûteux que le croisement *in-and-in*, moins à la
portée des pays peu riches et peu avancés; qu'ils
demandent, pour bien réussir, non pas à former le
début, la tête de l'action, mais son complément, en
ce qu'une race pour devenir apte à recevoir le croisement étranger, doit y être préparée à l'avance,
afin d'abréger autant que possible la distance
existant entre une race faite et confirmée et celle
qui se trouve encore dans les langes, et qui, par
conséquent est trop loin de celle à laquelle on la
veut unir.

En effet, lorsqu'on croise avec l'étranger, on n'a
de chances de fonder d'une manière stable qu'autant que le type améliorateur et la race à améliorer présentent une certaine affinité, soit comme
aptitudes, soit comme origine. Plus cette affinité
est marquée, plus le croisement a de chances de
réussir.

Que ne songe-t-on (je ne parle pas pour le Perche qui ne manque pas d'une certaine supériorité
dans ses cultures), que ne songe-t-on, avant
tout, à améliorer ce qu'on possède en cultivant
mieux, en nourrissant sans parcimonie, en choi-

sissant, comme je l'ai dit plus haut, dans la race
du pays les types les plus parfaits et les plus sus-
ceptibles de corriger les vices ou d'imprimer les
qualités que l'on y voit prédominer. Les méthodes
de ce genre, poursuivies longtemps et avec suite,
sont seules capables de préparer sans inconvénient
un croisement étranger.

Drainez vos prés humides et bas, irriguez vos
côteaux, défoncez votre sol en le transformant à
l'aide de nouveaux engrais, faites partout des
champs plantureux, créez des prairies, produisez
de l'avoine qui soit lourde à la main, agrandissez
vos écuries, rendez-les propres, saines et aérées ;
quand vous serez arrivés à ce but, alors, mais pas
plus tôt, vous pourrez vous permettre de croiser vos
races avec le sang étranger, plus délicat que le
vôtre et habitué à des soins plus suivis et plus
attentifs.

Je sais que ce mode, lentement progressif, n'a
pas les sympathies de ceux qui, dès le début, s'im-
patientent de n'être pas encore arrivés au terme.
Mais il est sûr et exempt de mécomptes, tandis
que l'autre (la France n'en a que trop d'exemples),
après argent et années gaspillés en pure perte,
réduit l'éleveur qui l'emploie à un état plus misé-
rable que celui dont il voulait sortir.

Notre *furia francese*, qui nous rend irrésistibles
à la guerre; notre attrait pour les modes nouvelles,

qui enfante ces merveilles que le monde acclame avec transport; notre proverbiale inconstance, nous font presque toujours faire fausse route en élevage. La mode n'a pas plutôt préconisé les chevaux de telle ou telle race, de tel ou tel modèle, de telle ou telle robe, qu'il nous en faut produire incontinent de pareils sans nous préoccuper, le plus souvent, si notre race est en mesure d'être croisée avec eux. Autant que ces unions, vaudrait souvent la conférence d'une dame de la Halle et d'un académicien!

La nature, livrée à elle-même, est mille fois plus intelligente que l'homme à systèmes. Vit-on jamais, chez les animaux sauvages, chez les lions, les tigres, les cerfs, les chamois, les daims, etc., ni éparvins, ni jardons, ni fluxions périodiques, ni aucune de ces mille infirmités qui affligent notre cheval domestique ?... En voici la raison : au moment des amours, la possession des femelles devient le signal de sanglantes batailles. C'est toujours l'étalon le plus fort, le plus vigoureux, le plus brave, le plus entreprenant, le mieux constitué qui reçoit, en récompense de sa victoire, la soumission et les tendresses admiratives du sérail.

Mais je suppose le Perche préparé, par de nombreux et bons croisements de la race sur elle-même, à essayer, avec plus de sûreté les croisements étrangers. Deux types principaux, comme nous venons de le voir, s'offrent à lui dans cette voie : le type arabe et le type anglais, qui dérive lui-même de l'Arabe.

Le croisement étranger, je n'en parle qu'en tremblant, parce qu'avec lui j'entre dans la voie de l'inconnu, dans la voie des inductions et peut-être, hélas! dans celle des déceptions et de la ruine, s'ils ne sont effectués avec une prudence sans bornes et un tact sans égal.

Les croisements étrangers, systématiquement effectués du Midi au Nord, et du Nord au Midi, ont eu pour apôtre Buffon, et, sous le couvert de son génie, et grâce à l'autorité de sa parole, ils ont pénétré partout. Mais comment énumérer les maux qu'a causés cette école, dont les partisans sont nombreux encore, grâce à une persévérance que les désastres irritent au lieu de la calmer. Ces maux sont écrits en gros caractères au front de toutes nos races, depuis le jour où elles ont été l'objet, non plus de soins constants et identiques, mais prises comme une matière sans conséquence sur laquelle on pouvait impunément baser des systèmes et s'exercer pour s'ériger en docteurs.

Depuis lors, plus de types appartenant en propre à tels ou tels pays, mais un assemblage confus présentant, à côté de rares qualités, les défauts de celui-ci et de celui-là et de vingt autres encore. Partout des étalons de types et de races différentes,

employés, tour à tour, d'un horizon à un autre :
ceux du Midi transportés dans le Nord, et ceux
du Nord apportés au Midi; et cela sans prépara-
tion, sans transition, sans souci de la différence
de fertilité des diverses contrées. Tous ont jeté à
l'envi la perturbation dans nos races sans donner
avec sûreté leurs qualités natives.

CHAPITRE VII.

Du croisement arabe.

———

Je commence par le croisement arabe. Deux motifs m'ont engagé à suivre ce classement :

1º L'Arabe est le cheval type, et le type doit passer avant ses dérivés.

2º Le Percheron a une très-grande analogie, par sa robe, sa conformation, ses caractères de race, son tempéramment, sa douceur, sa résistance, avec l'Arabe, dont il semble le fils, malgré certaines différences inséparables du temps, du climat et des milieux dans lesquels il est né et dans lesquels il vit.

J'ai dit que le cheval Percheron présentait avec l'Arabe de nombreux caractères de parenté et de communauté ; ces caractères sautent aux yeux. Un Percheron, un vrai Percheron, comme il en existe encore quelques-uns (le fameux *Toulouse* de M. Chéradame, d'Ecouché, par exemple ; le fameux *Jean-le-Blanc* de M. Miard, de Villers, près le Sap, dans le département de l'Orne, etc., etc.), mis à côté d'un Arabe, présente avec lui, malgré ses formes plus grosses et plus communes, des analogies si frappantes qu'on se prend à leur croire une parenté certaine.

Le Percheron du type primitif a une robe grise, comme l'Arabe ; comme lui, des crins abondants et soyeux, la peau fine, l'œil gros, saillant et expressif ; le front large, les narrines dilatées, la poitrine large et profonde, bien que le passage de sangle, chez lui, comme chez l'Arabe, manque toujours un peu d'ampleur ; les membres plus secs, plus osseux, moins chargés de poils que chez les autres familles de trait.

Il n'a plus, il est vrai, cette belle hanche et cette belle direction d'épaules, cette encolure de cygne qui distinguent l'Arabe ; mais, il ne faut pas l'oublier, depuis des siècles, il est employé au tirage, et l'habitude de la traction a imposé à sa charpente osseuse une situation anatomique, une projection de léviers en rapport avec les travaux auquels il est soumis. Il n'a plus, je l'avoue encore, la peau aussi fine que l'Arabe, ni son joli pied bombé, ovale et petit; mais on doit noter avec soin qu'il vit sous un climat froid, sur des plateaux élévés où la nature donne pour manteau une enveloppe plus épaisse et une fourrure plus abondante, qu'il marche depuis des siècles sur un sol argileux et presque toujours impreigné d'humidité.

Dans tout ce qui lui reste, on reconnaît un gros Arabe, que le climat et des circonstances particulières ont modifié et dégénéré. Il est demeuré doux et laborieux, comme son père; il s'élève, comme lui, au sein de la famille, et, comme lui, il possède à un très-haut degré la faculté de s'acclimater facilement. Il l'acquiert au milieu des nombreuses migrations quil accomplit dans le Perche, images de celles que compte le cheval type sur les sables du désert. Une dernière similitude, qui n'a pas été assez remarquée peut-être, c'est que, comme l'Arabe, il n'a pas besoin d'être mutilé pour être dressé, manié et conservé sans danger. En un mot, le Percheron, malgré les siècles qui l'en éloignent, présente une affinité aussi parfaite que possible avec le cheval primitif, qui est le cheval arabe.

De cette similitude de formes, de cette parenté probable, naît dans l'esprit la pensée de nouvelles alliances. Mais, pour se rendre plus facilement compte de leurs effets, il n'est pas sans intérêt de classer les chevaux au point de vue de l'origine.

Cette opération produit trois groupes bien distincts : le cheval primitif, le cheval naturel, le cheval composé.

Le cheval primitif, originaire d'Orient, est le cheval arabe pur ; on n'en reconnaît pas d'autre.

Durant les croisades, comme nous l'avons dit déjà dans notre première partie, par l'effet des guerres et des excursions de toutes sortes, des sujets de cette race primitive ont été répandus sur presque tous les points du globe. Bien qu'accouplés, d'abord, entre eux, à cause du prestige dont ils durent à leur mérite d'être entourés dans tous les temps, ces déportés, placés sous des latitudes, dans des conditions atmosphériques et hygiéniques différentes, qui, d'abord, avaient modifié leur tempéramment, ont donné naissance à une race dégénérée sans nul doute. Et, plus ou moins, elle le devenait selon que le sol, sur lequel naissaient les poulains, était plus froid, plus pauvre, plus inhospitalier ; car le cheval est autant et plus fils du sol qui le voit naître, et sur lequel il grandit, qu'il est fils de son père et de sa mère.

Ce fait n'a pas besoin de preuves, et nous le voyons tous les jours sous nos yeux quand nous étudions, chez nous, les changements que subissent nos races françaises, elles-mêmes, lorsque nous les transportons d'une province à une autre.

On pourrait cependant croire que ces latitudes nouvelles, que ces milieux nouveaux devraient peu différer de ceux dans lesquels elles vivaient.

Le premier changement que subit le cheval primitif, par la différence du milieu dans lequel il a été transporté, étant dû à la nature même, nous donnons à cette individualité le nom de *cheval naturel*. — Ici, il convient de faire remarquer combien la nature est toujours sage. — Si elle modifie en mal le cheval primitif, elle le modifie cependant dans des conditions plus avantageuses pour son économie. Le faisant plus chétif, elle le rend plus sobre, et le met à même de vivre et de s'entretenir avec les seuls aliments que la localité lui pourra fournir. Soumis aux épreuves, aux fatigues de la guerre et aux misères qui en sont la conséquence, le cheval naturel, tout mal bâti, décousu et chétif qu'il soit, résiste presque autant que le cheval primitif.

Le cheval composé est, ainsi que son nom l'indique, le produit d'un père et d'une mère de races différentes. Ce croisement, fait en vue d'amélioration, peut, lorsqu'il est judicieux, donner des produits plus élégants, mieux établis, mieux corsés, plus vites aux diverses allures, mais exigeant toujours, surtout s'ils sont dérivés de l'Anglais, des soins exceptionnels et d'autant plus minutieux qu'ils sont d'une nature plus distinguée.

Abandonnés à eux-mêmes, privés de flanelles, d'habitation, de pansage et d'avoine, ces chevaux composés se détériorent facilement, et, à la guerre, périssent de misère là où le cheval naturel et le primitif vivent en broutant la nourriture la moins substantielle. Nos deux campagnes de Russie et celle d'Italie en ont fourni des preuves irréfragables.

Tel est le résultat que l'on obtient principalement avec le cheval anglais trop distingué, même donné aux meilleures juments de service. A l'armée, surtout, on est fixé à cet égard; on y a reconnu, constaté, que les plus mauvais serviteurs étaient toujours issus d'auteurs ayant trop de sang et d'impressionabilité. Nuls mieux que ces chevaux ne sont faits pour taquiner, pour aigrir les hommes préposés à leur service, et, si je puis ainsi parler, leur abîmer le caractère.

Quand on croise une race de service avec l'Anglais, il est indispensable que l'étalon soit bien né et n'ait pas plus d'un quart de sang, — un quart de sang tout au plus. — Et la façon de le pondérer n'est ni oiseuse ni indifférente. On se tromperait fort si l'on acceptait comme tel le produit d'un étalon de pur sang, ou même de demi-sang,

avec une grosse jument commune ; mais bien le
résultat, longtemps amélioré et confirmé, de fortes
races, perfectionnées en montant, ainsi que le
sont certains chevaux du Norfolk, certains *rodoasters*, certains *chapmen*, certains trotteurs, dont le
vieux *Jaggard* fut un type et dont *Performer*, bien
que beaucoup moins confirmé, rappelait quelque
peu le souvenir.

Puisque j'ai prononcé le nom de Norfolk, qu'il
me soit permis de dire, que, après la race arabe,
de toutes les races étrangères celle des trotteurs
du Norfolk est celle qui me semble offrir le plus
d'avantages dans son alliance avec la percheronne.
Chez l'une et chez l'autre, qualités et défauts sont
inverses, de façon que qualités et défauts peuvent
se compléter et se corriger à un contact étudié avec
soin et sagement combiné.

Le cheval du Norfolk a une tête vilaine, c'est
vrai, et son œil est petit et dénué de poésie ;
mais son encolure est bien sortie et a une bonne
direction ; son épaule est belle, inclinée et à longues détentes ; sa poitrine est magnifique et son
passage de sangle énorme; son rein est large,
bien soutenu et bien attaché ; ses hanches sont
longues, sa coupe est horizontale; ses fesses amplement fournies et descendues; ses membres sont
forts, mais pas assez secs et pas toujours assez

distingués. Il a des allures vives et hardiment
mouvementées.

Donnez à ce cheval une jument dotée d'une belle
tête expressive, éclairée d'un œil gros, intelligent,
bien ouvert; qu'elle ait des membres secs, distingués et de bonne nature, il y a cent à parier
que vous obtiendrez un poulain de mérite. Mais,
dans le Norfolk, comme partout, il y a des degrés,
et si je passe la mer pour aller chercher un reproducteur, je lui veux les qualités suivantes :

Cet étalon doit avoir du gros, des membres
larges et forts, la poitrine développée et descendue, le passage de sangle aussi considérable que
possible, du poids dans l'arrière-main, les fesses
bien descendues, le front large et ouvert, l'œil
gros et expressif. Il doit être toujours plus bas
que les juments, aussi large qu'elles, et, je le répète, aussi près de terre que possible, en raison
de la tendance innée du reproducteur anglais à
pousser toujours à la taille et à l'amincissement.
Il ne doit être ni quinteux, ni affecté surtout de
cette nerveuse impressionabilité trop ordinaire
aux races anglaises. Ses allures doivent être vives, soutenues, relevées et accentuées. Il doit être,
autant que possible, d'une robe franche et énergique, telle que le bai-brun ou l'alezan brûlé.
Quant à ses dérivés, il importe de les choisir dans

des conditions identiques, et alors ils peuvent aller de pair avec lui, bien que, logiquement parlant, on soit porté toujours à préférer le type au sous-type.

Mais comme on peut être aujourd'hui énormément trompé, même en Angleterre, sur les provenances de ce pays, il est moins dangereux, si toutefois on peut le rencontrer, d'employer un bon gros anglo-normand, né et élevé sous ses yeux, dans le Merlerault ou la plaine d'Alençon, qu'un Anglais frelaté, qui souvent pourrait n'être qu'un enfant perdu de quelque contrée anonyme. En effet, si l'on en croyait certaines apparences, il y aurait lieu de craindre que, de l'autre côté du détroit, on ne pût venir sur le continent faire des coups de commerce et acheter de gros poulains lymphatiques, qu'on élèverait dans quelque ferme anglaise et qu'on revendrait ensuite comme produits du Norfolk. — Quelle amélioration attendre de tels agents?... Il faut toujours respecter la volonté de la nature qui permet qu'on l'aide dans sa marche, mais jamais que l'on viole ses lois.

L'homme, en vain, avec toutes ces alliances qu'elle récuse, veut forcer la nature. A toute cette soi-disant science, elle oppose son impitoyable logique; ces produits sont des étrangers qu'elle refuse de reconnaître pour siens. Elle s'arrête court et, quelques bons que puissent, par eux-mêmes, paraître ces résultats, le mensonge se montre, et il est d'expérience qu'ils ne se reproduisent presque tous que d'une façon détestable.

Mais je suppose que toutes les mesures de prudence aient été prises, je suppose même que l'on n'ait pas été trompé, la plupart des produits résultant de ce premier croisement seront, en général, plus minces que les mères. Cependant, dans le nombre il s'en trouvera quelques-uns qui réuniront le gros à la beauté et constitueront de bons types, aux formes athlétiques et régulières. Ceux-là, seuls, pourront être conservés, et, seuls, pourront être utilement employés, soit entre eux, soit en dehors de leur famille, à la régénération de nos races.

Au second croisement, les imperfections, reconnues au premier, disparaîtront en grand nombre, et, dès le troisième, avec des soins constants, une attention soutenue et doublée d'une patience inaltérable, on arriverait à résoudre ce problème en apparence si difficile : le gros et la vigueur, la rusticité de tempérament et la distinction extérieure, le poids et l'élégance.

Si, au contraire, on veut aller trop vite et qu'il y ait trop de distance entre l'étalon et la jument, les produits qui en résulteront, fussent-ils réussis en apparence, produiront toujours mal, donnant du décousu et des tares, ce qui n'arriverait jamais si l'on marchait sagement et surtout si l'on améliorait au moyen *du cheval primitif*, dont tous les ancêtres sont de même race.

Ce dernier croisement, c'est-à-dire l'Arabe, peut donner quelquefois des résultats plus lents. Mais, par lui, on est toujours sûr, plus tard, d'obtenir mieux. Ainsi, en choisissant les meilleures Percheronnes et les croisant avec des Arabes purs, et aussi étoffés que possible, on marcherait vers une amélioration certaine, et au bout d'un petit nombre de générations, on serait, à chaque naissance, certain de trouver de beaux types, alliant à la force et à la docilité des mères la distinction, la sobriété et l'instinct d'intelligence des pères. Car, il ne faut jamais l'oublier, le travail demande des chevaux intelligents; plus ils sont doués de cette qualité, moins ils s'usent et plus ils rendent de longs et bons services.

Si le charretier, ivrogne, du chemin de fer de Lyon, dont tout le monde a connu l'aventure, n'eût pas eu pour compagnon de travail un être ussi noblement intelligent que le vieux cheval *Lapin*, employé à la traction des wagons de terrassements, il eût infailliblement péri. Tombé, dans un moment d'ivresse, au-devant d'un train lancé dans une descente, il allait être broyé, lorsque son cheval, qui le vit dans cette périlleuse situation, au risque d'être lui-même écrasé par la masse qui le suivait, le saisit par les reins, et le rejeta, tout en courant, hors de la voie. Ce fait, accompli sous les yeux de plusieurs brigades d'ouvriers, fut bientôt connu de toute la ligne, et valut à *Lapin* le titre de *Fils adoptif des travailleurs et des invalides*, titre noblement gagné, récompense méritée, s'il en fut.

On a cité, dans toutes les légendes et dans tous les temps, mille traits d'esprit des chevaux orientaux; jamais je n'ai ouï la moindre légende au sujet des Anglais qui ne semblent nés que pour l'orgueil, la gloutonnerie et la brutalité. A l'appui de l'intelligence de l'Arabe, je me bornerai à un fait, dont tous les officiers de Saumur ont été témoins. Il y avait à cette école un vieil Arabe, connu de toute l'armée. Un jour, une dame, portant à son mouchoir je ne sais quels parfums, passa devant le vétéran et lui prodigua caresses et friandises. Depuis cette époque, l'officier qui accompagnait cette dame ne pouvait plus entrer dans son salon, bien que la senteur des parfums aimés fût insensible à toutes les narines, sans que le cheval ne le devinât à chaque fois, et ne le témoignât par ses trémissements et mille petits cris de plaisir.

La vigueur et le tempérament des chevaux orien-

taux sont passés en proverbe. Pas un de nos soldats qui ne soit en mesure de l'affirmer.

Les chevaux de la cavalerie anglaise ont presque tous péri dans la guerre de Crimée, tandis que nos chevaux algériens en sont presque tous revenus. Dans la guerre d'Italie, nos chevaux algériens ont également bien soutenu les fatigues de la campagne là où les chevaux dérivés de l'anglais ont été décimés.

Il paraît impossible que ces deux preuves n'aient pas une signification et ne portent pas un enseignement. Ne doit-on pas en conclure que le cheval de guerre, c'est-à-dire le cheval de résistance, ne saurait être que de sang arabe ou du moins dérivé de l'Arabe?

Et, n'est-on pas fondé à penser également que ce qui a lieu pour le cheval de guerre, devra se produire aussi pour les autres chevaux de service, destinés à un travail continuel? Dès lors, n'est-il pas convenable de préférer toujours l'étalon arabe à l'étalon anglais, quand il s'agit de l'amélioration des diverses races de service et de trait, comme de celle du cheval de guerre?...

L'étalon arabe semblerait d'autant plus apte à cet emploi, qu'une longue expérience a constaté chez lui la propriété de pousser toujours au gros dans le produit de ses croisements avec nos juments indigènes, de faire beaucoup plus fort que lui, tout en transmettant toujours un sang riche et exempt de tares, une solide ossature, qualités qui se conservent indéfiniment.

Le cheval arabe donne aussi infiniment de fonds à tous ses produits, et, sans remonter jusqu'à l'hippodrome, où nous voyons figurer au sommet de l'échelle *Arlequin*, *Zéphyr*, *Valencia*, *Corysandre* la lorraine, dont la mère était une Arabe de *Deux-Ponts*, *Anthony*, *Eylau*, *Kasbas* et *Palmyre*, contentons-nous de citer, en masse, toute cette belle et énergique population du Limousin, de la Navarre, du Bigorre, de Tarbes et de l'Auvergne, qui par tous les pores accuse la présence du sang oriental.

Il est surtout à remarquer aussi que, bien que l'Arabe ne trotte pas, et qu'il ne sache que galoper, tous ses produits naissent vifs, énergiques et élégants trotteurs. Nous en pourrions rapporter des exemples sans nombre, quoique le sang arabe ait été infiniment moins répandu que tout autre dans nos contrées septentrionales.

Nous pourrions citer le fameux *Eclipse*, de M. de Narbonne, et l'*Herminie*, non moins fameuse de M. Forcinal, et tous les enfants de *Bacha*, d'*Aslan* et de *Gallipoly*, qui furent incomparables, et les nobles fils de *Massoud*, d'*Eylau* et de *Noteur*. Mais, comme tous ont joint au sang arabe une certaine dose de sang anglais, ils nous vaudraient peut-être cette réponse : — C'était le sang anglais qui trottait en eux et les rendait énergiques. — Nous nous bornerons à ne citer que les fils de *Bédouin*, tous trotteurs admirables, quoique sortis tous, de pauvres juments bretonnes, les *Kérim*, le, *Aviso* et les *Moggy*, dont les belles allures fixens invariablement tous les regards.

Mais les qualités de fonds que possède l'Arabe àt un degré si éminent ne, sont pas les seules à considérer.

C'est aussi l'opinion des meilleurs éleveurs, que cette race est douée de qualités morales ou éducatives, qui la prédisposent à la sobriété, à la docilité, à la patience, à la facilité d'élevage et à la précocité, aptitudes qu'elle transmet invariablement à tout ce qui procède d'elle.

Nuls chevaux de steeple-chases ne se montrèrent plus intelligents que *Pledge*, *Raphaël*, *Senora*, et surtout que l'immortel *Franc-Picard*, devant lequel le meilleur cavalier se sentait vaincu dans la science de mesurer un obstacle et de l'aborder habilement; aussi, furent-ils excessivement près du sang arabe. Si *Auricula*, malgré qu'il soit fils de *Baron*, au caractère quinteux et inégal, s'est montré, à ses heures, l'un des meilleurs chevaux d'obstacles de notre époque, c'est que, par sa mère, il est de sang arabe.

Par toutes ces considérations, l'Arabe semble de beaucoup préférable à l'Anglais, qui, du reste, exige trop de tact et d'habileté de la part de l'homme. L'éducation du charretier n'est pas assez avancée pour en pouvoir tirer encore tout le parti réclamé des espèces travailleuses. Son irritabilité, ses impatiences, son impressionnabilité nerveuse, qui ont, sans nul doute, leur raison d'être sur l'hippodrome, se transmettent à toute sa descendance. Ses dérivés, par cela même, sont moins propres au travail, moins disciplinables et rebutent davantage la patience de conducteurs novices ou ignorants dans les services prolongés

Toutes les personnes qui ont élevé des poulains, issus de sang arabe et de juments communes, sont unanimes à reconnaître, et nous l'avons nous-mêmes constaté, que ces produits sont générale-ment d'un tempérament uni, d'un caractère doux, accommodant et calme, qui rend leur élevage peu dispendieux et permet qu'on les attèle dès l'âge de trois ans. Partant, ils payent leur nourriture par un travail régulier.

Il en est tout autrement du poulain issu du sang anglais. Celui-ci, en raison de son impressionna-bilité, de son ardeur nerveuse, de sa nature exi-geante, de sa tardive croissance, demande des soins et des ménagements qui ne lui permettent pas de rendre aucun service sérieux avant l'âge de cinq ans.

Il en résulte que le dérivé arabe, même au premier croisement, le plus difficile toujours et le plus scabreux, paye sa nourriture dès l'âge de 3 ans, tandis que l'anglais ne la paye qu'à 5, sans compter les dépenses plus considérables de son élevage et la difficulté extrême de trouver des hommes capables de le conduire, de le diriger sans accident et de l'amener sain et sauf à cette période quinquennale.

A qualités égales, le cheval arabe coûte, en définitive, beaucoup moins à l'éleveur que le cheval anglais. C'est donc lui qu'on devra préférer toujours dans des contrées peu riches et dont l'agriculture n'est pas arrivée à une bonne perfection. Aussi, est-ce avec l'Arabe que le Limousin, la Navarre, le Bigorre, la plaine de Tarbes, l'Auvergne, pays naturellement peu abondants et peu riches, ont formé leurs incomparables chevaux, dont la sobriété s'accommodait des productions du sol. Mais, aussi, est-ce avec l'anglais, plus délicat, moins sobre, que ces contrées ont déformé leurs races. De nos jours, le Limousin a été ruiné par l'introduction du sang anglais, comme autrefois, dans le pays de Tarbes, trois éleveurs considérables, MM. de Gontaut, de Bouillac et de Montréal ruinèrent leurs haras par l'effet du croisement anglais.

On peut placer, sans crainte, l'Arabe dans les
contrées maigres, pierreuses et d'une agriculture
peu avancée, sur les versants inégaux des collines
élevées. L'Anglais demande les plaines grasses et
bien cultivées, les vallées plantureuses.

Au point de vue de la forme, le croisement
arabe est le plus sûr. Le père étant, si je puis
dire, *sui generis*, étant né d'une race confirmée
et affectant, depuis des siècles, une forme pareille, ses enfants lui ressemblent toujours quelle
que soit la race, la couleur, la forme et la provenance de la mère. Seulement, en raison de la chaleur et de la puissance de son sang, le produit est
toujours plus gros et plus fort que lui.

Il n'en est pas de même de l'Anglais. Comme il
est composé et qu'il n'a pas cette confirmation de
l'Arabe, il n'en a pas la fixité dans la génération.
Tantôt il fait grand, et tantôt il fait petit. Son fils est
quelquefois mince, quelquefois étoffé. Cela tient à
ce que ses ancêtres furent tantôt d'une taille et
tantôt d'une autre, et affectèrent souvent des types
différents.

Nous avons longuement développé, trop longuement peut-être, nos préférences pour le croisement arabe; il s'agit maintenant de l'effectuer. Ce
mode d'accouplement est des plus simples.

Etant donné, un Arabe, de race pure, le plus gros,
le plus corsé que l'on pourrait trouver, l'allier à de

grosses et fortes juments près de terre. Parmi les produits issus de ces alliances, livrer les mâles au commerce, à moins qu'ils ne fussent parfaitement réussis. Moins sévère pour les pouliches, il en faudrait éléminer moins grand nombre, et de suite en tirer race. Autant même que leur conformation le voudrait permettre, on pourrait allier quelques sujets d'élite, soit à leur père lui-même, soit à ceux de leurs frères qui seraient le plus étalons, afin de fixer le sang arabe d'une façon plus profonde, plus indélébile. Mais, passé ce premier essai, les alliances consanguines, c'est-à-dire de grand-père à petites-filles, d'oncles à nièces, de neveux à tantes et de cousins germains ne devraient plus s'effectuer jamais, sauf des circonstances excessivement rares ou des affinités extraordinairement tentantes. — La mère de l'un des chevaux les plus justement fameux de notre époque, est issue de l'alliance d'un fils avec sa mère. — Dès la seconde génération, fils et filles, lorsque leur mérite les aurait rendus dignes de donner race, pourraient être pris comme types et points de départ d'une solide et sûre amélioration de la race du pays.

Lorsque, par suite des années et des nombreuses générations s'entassant autour de lui, le père commun pourrait être exposé à s'allier à ses petites-filles, il serait indispensable de le placer dans une contrée plus éloignée en procédant de la façon indiquée plus haut.

Le sang, ainsi réchauffé, il pourrait se passer de longues années sans qu'il fût nécessaire de revenir à l'Arabe. Mais, si l'on remarquait que la distinction commençât à disparaître, que les allures fussent moins brillantes et moins légères, on devrait y recourir incontinent, en suivant les mêmes errements que pour le passé.

Les types de trait léger, d'abord obtenus, pourraient, selon les milieux où ils seraient élevés, se transformer en types de poste, d'omnibus et même de gros trait. Mais, le tout, à la longue et sans jamais brusquer ni vouloir se départir d'une sage et prudente lenteur.

Je ne veux pas terminer ce chapitre sans prémunir l'éleveur contre une particularité qui ne manque guères de frapper celui qui, pour la première fois, essaye le croisement arabe, et a porté même d'aucuns à l'abandonner sans en recueillir les fruits. Je veux parler d'une certaine disproportion, plus apparente que réelle, des membres avec le corps. Voici comment elle s'explique : L'Arabe, né et élevé dans des contrées maigres et desséchées, n'est pas plutôt transporté dans un pays plus abondant, qu'un prompt embonpoint est la conséquence immédiate de ce changement de lieux. Ses enfants, d'un engraissement facile,

s'arrondissent aussi d'une façon rapide. Il en résulte que, bien que fortement membrés, ils semblent, pour un gros corps, n'avoir que de faibles
appuis. Mais, patience, l'avoine relèvera, affermira
ces flancs ballonnés, et, dès la seconde génération,
l'estomac des poulains s'agrandira au contact de
la nourriture plus abondante que tonique du pays
d'adoption, la graisse se fondra et leurs membres
compacts et solides apparaîtront ce qu'ils sont.

CHAPITRE VIII.

Du croisement anglais.

———

Le sang anglais, judicieusement distribué, se marie cependant bien avec la race percheronne, et l'on en a souvent rencontré des résultats parfaitement réussis au milieu des déceptions qui ont été la conséquence des croisements mal faits. N'ayant pas le sens commun, on les a effectués trop souvent sans souci des distances entre un cheval de sang et une percheronne aux formes vulgaires, sans affinité avec lui. Mais ces essais exigent de la science, de la fortune, de la persévérance, et sont loin d'être à la portée de toutes les situations habituelles. Avec eux, il faut savoir attendre, car malheureusement les produits qui en viennent sont d'un élevage oné-

reux. Leur développement tardif les rend peu propres aux travaux anticipés, auxquels le fermier est
habitué à condamner ses poulains: Dès lors, ils ne
peuvent plus, comme le jeune Percheron, passer
de main en main, et se trouvent par là même
dénués du seul avantage qui rend l'élevage du
poulain de trait si fructueux : éviter l'encombre-
ment et donner promptement un bénéfice assuré
à tous ses détenteurs. On conçoit, en effet, combien
sont favorables au paysan ces chances distribuées
sur plusieurs têtes, et qui toutes, avec elles, portent un bénéfice avantageux. Le capital exposé
n'échoit jamais à long terme; aussi cette opération est-elle à la portée de toutes les bourses.

Le produit issu du sang anglais, s'il est compris avec soin (mais les croisements identiques
sont si difficiles, si délicats!...), sera plus beau, un
jour, que le percheron qui n'a été l'objet d'aucun
croisement améliorateur. Mais, bien qu'entouré
de soins et largement nourri, tout le temps de ses
jeunes années il restera chétif; partant, son remboursement se soldera à une date éloignée. — Par
qui donc peut-il être produit?... Par le fermier riche en avances?... Dans tous les pays, celui-là est
rare. — Par le grand propriétaire?... Mais celui-là
n'élève pas, ou, s'il aime le cheval, il ne fait que le
cheval d'hippodrome.

Des étalons de demi-sang anglais, en station au

Mesle-sur-Sarthe, à Courtomer, à Nogent-le-Rotrou, doués de force et de gros, ont donné quelques jolis carrossiers et de beaux chevaux d'attelage ; mais le nombre en a toujours été assez limité, et tous, à peu près, ont été élevés d'une vie indolente dans les herbages, comme le poulain de demi-sang. Par conséquent, le bénéfice qu'ils ont rapporté a été nul, ou à peu près, et ils n'ont pu peser d'aucun poids dans la balance de l'exemple et de l'imitation.

Dans le bas-Perche, au contraire, celui qui commence à Nogent pour s'étendre jusqu'à Vendôme, on n'a élevé que le cheval de trait, proprement dit. Le carrossier ne s'y rencontre que par exception, et le cultivateur ne s'en trouve pas plus mal. Témoin la prospérité de Montdoubleau, qui est devenu le premier marché de l'Europe ; témoin les brillantes et énergiques trotteuses qu'il produit chaque année et dont les *Julie* de M. Derré et les *Sarah* de M. Lamoureux sont le glorieux spécimen.

Le Perche n'a vu que deux fois, à notre connaissance, de bons et irréfutables résultats obtenus du croisement anglais avec sa race. La première, avec *Sandy ;* la seconde, avec *Bayard.*

Sandy était un étalon de trait, aux crins longs et soyeux, à la robe entièrement blanche, aux allures relevées et gracieuses, comme chez un cheval d'O-

rient; aux membres secs et puissants, à la tête
courte, aux narines dilatées, à l'œil gros et intelligent. Bien que né en Angleterre, ce cheval n'é-
tait évidemment pas Anglais; il devait être de sang
oriental, ainsi que cela se rencontre fréquemment
chez nos voisins qui se servent avec succès du sang
arabe dans la formation de leurs races de trait et
de chasse.

Quant à *Bayard*, il était fils de la percheronne
de M. Viel, de Chiffreville, aux environs d'Argen-
ton, l'une des plus belles et des plus pures que
l'on pût rencontrer. Cette jument avait été donnée
à *Idalis*, carrossier petit et rassemblé, fils de *Don-
Quichotte*, qui descendait de la poulinière de pur
sang arabe, *Moïna*. *Bayard* avait, par conséquent,
dans ses veines du meilleur sang d'Orient, et c'est
à cette circonstance que l'on s'accorde à attribuer,
la vigueur, les allures et la beauté de tous ses
produits.

On m'objectera peut-être deux étalons qui pas-
sèrent pour anglo-percherons et qui ont été cités
comme types de reproducteurs de chevaux de trait,
Benvenuto et *Fandango*. *Benvenuto*, étalon du Pin
qui a bien produit dans le Perche, n'était pas
fils d'Eastham et d'une Percheronne, comme on
le dit à l'époque, pour le faire accepter par l'État,
mais bien d'un Percheron et d'une Percheronne,
venus des environs de Bellesme, et issus des éta-

lons arabes qui avaient fait la monte dans cette
contrée,

Fandango, autre Percheron croisé, qui a bien
produit également, avait deux fois du sang de l'A-
rabe *Dagout*, dans la ligne paternelle, et sa mère,
dont la provenance m'a aussi été expliquée, venait
également des environs de Bellesme.

Un étalon percheron, nommé *Jean-le-Blanc*, originaire de Mauves, et vendu, vers 1825, à M. Miard,
de Villers en Ouche, près le Sap (departement de
l'Orne), a été, à lui seul, l'agent améliorateur de la
race chevaline de l'Ouche, jusque-là réduite à de
misérables petits chevaux sans cachet et sans valeur. Quoique gros, puissant, limonnier en un mot,
sa distinction, ses allures, un je ne sais quoi re-
pandu dans tout son être, rappelait si profondément le souvenir de la famille orientale, que l'on
se prenait à le croire un Arabe grossi. Ce fait, qui
nous fut souvent raconté, piqua notre curiosité et
nous n'eûmes de repos que lorsque, de proche en
proche, de renseignements en renseignements,
nous arrivâmes à savoir que sa famille avait été
alliée à un étalon du haras du Pin envoyé en station au château de Coësmes, près Bellesme. Or,
quel était cet étalon? C'était l'Arabe *Gallipoli!*...

Qu'induire de ces faits, sinon que les croisements qui ont le mieux réussi dans le Perche
ont été ceux des Arabes, et que l'Anglais n'y

a fait un bien sérieux croisement que lorsqu'il a été retrempé au contact de l'Arabe.

Mais, si le manque absolu d'étalons améliorateurs se faisait sentir parmi les Percherons purs; s'il n'était pas possible de se procurer des bons Arabes, ni de gros Anglais, fraîchement retrempés dans le sang arabe; si de hautes et puissantes considérations obligeaient à recourir au croisement anglais, il ne faudrait accepter ce dernier qu'à bon escient et ne le prendre que dans de bonnes et sages conditions. Aussi, dussions-nous être accusé d'éternelles redites, nous demandons à reproduire ici ce que nous avons avancé déjà au commencement du chapitre précédent sur le choix de l'étalon anglais.

« Quand on croise une race de service avec l'Anglais, il est indispensable que l'étalon soit bien né et n'ait pas plus d'un quart de sang, — un quart de sang tout au plus. — Et la façon de le pondérer n'est ni oiseuse, ni indifférente. On se tromperait fort, en effet, si l'on acceptait comme tel le produit d'un étalon de pur sang, ou même de demi-sang, avec une jument commune ; mais il doit être toujours le résultat longtemps amélioré et confirmé de fortes races perfectionnées, en montrant, ainsi que le sont certains chevaux du Norfolk, certains *rodoasters*, certains trotteurs, dont notre bon vieux *Jaggard* fut le type le plus parfait.

« Puisque j'ai prononcé le non de *Norfolk*, qu'il me soit permis de dire qu'après la race arabe, de toutes les races étrangères, celle des trotteurs du Norfolk est celle qui me semble offrir le plus d'avantage dans son alliance avec la Percheronne. Chez l'une et chez l'autre, qualités et défauts sont inverses, de façon que qualités et défauts peuvent se compléter et se corriger à un contact étudié avec soin et sagement combiné.

« Le cheval de Norfolk a une vilaine tête et son œil est petit et dénué de poésie. Mais son encolure est bien sortie et a une bonne direction; son épaule est belle, inclinée et à longues détentes; sa poitrine est magnifique et son passage de sangle énorme; son rein est large, bien soutenu et bien attaché; ses hanches sont longues, sa croupe horizontale et ses fesses amplement fournies et descendues; ses membres sont forts, mais pas assez secs et pas toujours assez distingués. Il a des allures vives et hardiment mouvementées.

« Donnez à ce cheval une jument dotée d'une belle tête expressive, éclairée d'un œil gros, intelligent, bien ouvert. Qu'elle ait des membres secs, distingués et de bonne nature, il y a cent à parier que vous obtiendrez un poulain de mérite.

« Mais dans le Norfolk, comme partout, il y a des degrés, et, si je passe la mer pour aller cher-

cher un reproducteur, je lui veux les qualités suivantes :

« Cet étalon doit avoir du gros et du carré, des
membres larges et forts, le passage de sangle
considérable, la poitrine développée et du poids
dans l'arrière-main. Il doit être toujours plus
bas que les juments, aussi large qu'elles, et,
je le répète, aussi près de terre que possible. Il ne
doit être ni quinteux, ni affecté, surtout de cette
nerveuse impressionabilité trop commune aux
races anglaises. Ses allures ne sauraient être trop
vives, trop soutenues et trop accentuées, afin de
combattre par les contraires la propension anglaise qui est de raser en marchant.

« Quant aux dérivés de l'anglais, choisis dans
des conditions identiques, ils peuvent aller de pair
avec lui, bien que, logiquement parlant, on soit
porté toujours à préférer le type au sous-type.
Mais, comme on peut être énormément trompé
aujourd'hui, même sur les provenances anglaises,
il est moins dangereux d'employer un bon gros
anglos-normand, né et élevé sous ses yeux, dans
le Merlerault ou la plaine d'Alençon, qu'un anglais frélaté qui pourrait n'être souvent qu'un
enfant perdu de quelque molle contrée du continent. En effet, si l'on en croyait certaines apparences, il y aurait lieu de craindre que, de l'autre
côté du détroit, on ne pût venir dans je ne sais

quels pays acheter de gros et lymphatiques poulains qu'on élèverait dans le nord de l'Angleterre et qu'on revendrait ensuite comme des produits du Norfolk. — Qu'elle amélioration attendre de tels agents?...

« N'oubliez jamais de respecter le vœu de la nature, qui permet qu'on l'aide dans sa marche ascendante; mais que l'on viole ses lois, jamais. L'homme, en vain, la veut violenter avec tous ces croisements qu'elle reprouve; à toute cette soi-disant science, elle oppose son impitoyable logique : elle s'arrête court, et, quelques bons que puissent, par eux-mêmes, paraître ces résultats, le mensonge se montre, et il est d'expérience qu'ils ne se reproduisent que d'une façon détestable.

« Mais, je suppose que toutes les précautions aient été prudemment appelées en aide, je suppose même que l'on n'ait pas été trompé, la plupart des produits provenant de ce premier croisement seront, en général, plus minces que les mères. Toutefois, dans le nombre, il s'en rencontrera quelques-uns qui réuniront le gros à la beauté et constitueront de bons types, aux formes athlétiques et régulières. Ceux-là, seuls, pourront être conservés, et, seuls, pourront être utilement employés, soit entre eux, soit en dehors de leur famille, à la régénération de nos races.

« Au second croisement, les imperfections reconnues au premier disparaîtront en grand nombre, et, dès le troisième, avec des soins constants,
doublés d'une inaltérable patience, on arriverait à
résoudre ce problème en apparence si difficile :
le gros et la vigueur, la rusticité du tempérament
et la distinction des formes, le poids et l'élégance.

« Si, au contraire, on veut aller trop vite, et
qu'il y ait trop de distance entre l'étalon et la jument, les produits qui en résulteront fussent-ils
réussis en apparence, produiront toujours mal,
donnant du décousu et des tares, ce qui n'arriverait jamais si l'on marchait sagement. »

En Bretagne, dans le département du Finistère,
nous avons entendu déclarer par une masse énorme
d'éleveurs, que, pour avoir voulu aller trop vite
dans cette voie, on avait, au début, éprouvé des
déceptions sans nombre. Le produit des chevaux
issus du croisement anglais s'y est constamment
montré inférieur aux auteurs. De pères et de
mères étoffés, et pouvant par leur tournure être
classés dans la catégorie du gros trait, il n'est
sorti journellement que des produits décousus,
minces, sans membres, haut perchés, sans poids
dans l'arrière-main. Marchandise peu attrayante,
d'une vente difficile au lait, elle devenait un mal-
heur véritable pour le petit métayer qui compte

sur son poulain pour payer sa ferme et n'a ni le local, ni les aménagements suffisants pour l'élever. Elle était, de plus, l'objet d'un autre désappointement tout aussi sérieux que le premier; trop rarement, dans cette race onéreuse, on trouve d'ouvriers.

N'est-ce pas un étrange et désespérant résultat que cette progéniture, grande, mince, fluette, manquée, en un mot, issue de père et de mère gros et rablés?... Oh! « pourquoi cela, disaient les cultivateurs bretons?» Il y avait à ceci, cependant, un motif tout simple et avec lequel on n'avait pas appris à compter. Ils allaient au pas de course dans la voie du croisement, et ils ne donnaient pas d'avoine. Ils ignoraient les exigences du cheval distingué; ils ne savaient pas que, dans ce père et dans cette mère, ou même dans un seul des deux, il circulait une quantité plus ou moins grande de sang anglais, qui produit les résultats les plus étranges à mesure qu'il s'éloigne de son berceau et qu'il touche à des pays pauvres ou âpres au travail, dont il ne reçoit plus les soins prodigues de sa patrie.

Nous avons dit que l'Arabe conservait indéfiniment son sang chaud et donnait constamment ce qu'il n'avait pas lui-même, — bien que cette vérité ressemble à un paradoxe, — à savoir: une tournure puissante et une forte ossature. Il n'en est pas de même de l'Anglais et de ses dérivés, ils s'amincissent et dégénèrent toujours. Si les produits ne sont pas nourris à l'avoine, donnée sans épargne, — car ils ont des besoins et sont gros mangeurs, comme tout ce qui vient du Nord, — leur sang est de suite apauvri. A chaque génération, dans ces familles crées sous une molle et humide atmosphère, que ne visite guère le soleil, les membres s'amincissent et les formes s'étiolent. Il faut, sans cesse, recourir à de nouveaux emprunts et remettre de l'Anglais sur l'Anglais, ce qui constitue toujours dans de nouveaux frais et de nouvelles études, sans compter que l'effet d'une trop grande infusion de ce sang quinteux, et souvent irascible, serait de détruire la race de gros trait, que je veux conserver intacte à côté des deux autres, et de devenir d'un usage difficile dans un pays aussi accidenté que le Perche. Il pourrait, sans doute, labourer avec succès les grandes plaines unies de la Beauce; mais, tout ne se borne pas là. Je l'attends dans cette contrée mouvementée, que l'on nomme le Perche, où il faut, sans trêve ni merci, d'une épaule exempte de toute douillette impressionabilité, enlever les chars au sommet des côteaux, et il me plaira de voir le jeu de ses hanches et de ses jarrets pour les maintenir bravement et sans encombre jusqu'au fond des vallées.

Attendrez-vous aussi d'un dérivé anglais cette
énergie froide, contenue et sans cesse renaissante;
cette patience du courage, dont chaque jour le
Percheron donne l'exemple sur les omnibus de
Paris? Tirer en courant une charge, dont le
poids effraye la pensée; s'arrêter court à chaque
pas, soit dans les descentes, soit dans les montées;
repartir franchement, toujours et sans accoups;
ne bouder jamais ni au travail, ni à la nourriture,
ni au chaud, ni au froid : tel est le spécimen de ce
que sait faire un Percheron!...

Attendrez-vous aussi de l'Anglais, s'il a trop
de sang et si le croisement n'a été compris avec
une science et une patience infinies, un bon cheval de gros trait, un bon et brave cheval de limon,
un bon moellonneur, comme on dit? Personne, à
cet égard, ne saurait conserver d'illusions...

A Londres, on n'exige du cheval de trait qu'une
traction de 2,000 livres environ. A Paris, les
moellonneurs et les carriers doivent traîner jusqu'à 5,000 livres chacun; souvent même on voudrait exiger davantage.

Et que fera le commerce du gros cheval, le commerce si à court déjà de chevaux travailleurs?...
Pour lui (une longue expérience le lui a appris,
et malheureusement trop de croisements mal faits,
compris en dépit du bon sens, lui ont donné raison), le cheval anglais et ses dérivés sont trop

impressionnables et pas assez francs. Aussi, les fuit-il d'instinct, et, d'instinct, fuit-il tout ce qui leur ressemble. Et, par contre, tout ce qui peut lui servir d'enseigne et de point de repère, tout ce qui peut le guider dans la recherche de ce qu'il aime, tout ce qui peut le prémunir contre la rencontre de ses antipathies, il le saisit et s'y attache avidement.

De là vient que les robes sombres, sans examen, sans réflexion, il les repousse, les proscrit, parce qu'il les considère comme le vêtement du sang anglais; les grises, il les prend de confiance, parce qu'avec elles, flairant l'absence de ce sang redouté, il a cru rencontrer la panacée de ses besoins. En serions-nous à ce point si l'on avait été prudent et si les croisements avaient été mieux compris ?...

Qu'y a-t-il, en conséquence, au sommet de ce pôle négatif et de ce pôle positif? Il y a le Percheron, auquel est et auquel sera pour longtemps dévolue cette rude et meurtrière mission d'exécuter les tours de force qu'exige la civilisation moderne. C'est à son producteur que reviennent et que reviendront longtemps les bénéfices de pouvoir le fournir.

Aussi, tant que les machines n'auront pas remplacé le cheval dans la traction des lourdes voitures, tant qu'il y aura de ces rudes labeurs exi-

geant la force, l'intelligence, la durée, la bonne
volonté, au Percheron, seul, sera réservé le dangereux honneur d'être l'universel moteur, et le
prix de cet agent incomparable augmentera en
raison de l'impossibilité croissante de le pouvoir
remplacer.

C'est donc le cas, tout en croisant avec l'Arabe
ou l'Anglais bien choisi, les espèces légères et
trotteuses, de bien conserver le cheval de gros
trait, et, au moyen de croisements persévérants et
sages, de lui conserver sa supériorité marquée.

Ces croisements, que je résumerai en termi-
nant, peuvent trouver un puissant auxiliaire dans
la création d'un *Stud-Book* de la race percheronne.

CHAPITRE IX

Améliorer au moyen du Stud-Book.

———

La race percheronne est assez ancienne, se reproduit d'une façon assez régulière et présente des qualités typiques assez caractérisées pour pouvoir revendiquer, en faveur de ses membres, la qualification, le titre, de chevaux de race.

Un *Stud-Book* ne serait, par conséquent, nullement déplacé au milieu de cette population identique.

Ce livre aurait pour effet de concentrer les efforts de tous les éleveurs et de leur imprimer une direction connue, en les prémunissant contre les étalons signalés comme étrangers à la race, et qui, jusqu'ici se sont impunément présentés comme Percherons.

L'Angleterre nous offre un curieux exemple de l'efficacité du *Stud-Book* dans la tâche de l'amélioration d'une race. Avant le *Stud-Book* et le *Heerd-Book*, les espèces chevaline et bovine de ce pays n'étaient que rudimentaires.

Les quelques produits obtenus des étalons orientaux et des *Royal-Mares*, se fussent perdus s'ils n'eussent été rassemblés en famille dans un livre spécial.

La découverte du précieux taureau, *Habbacuk*, eût été vaine si ses enfants n'eussent été classés entre eux d'une façon authentique.

Car c'est surtout et seulement par la reproduction en famille que se forme une race. La consanguinité seule peut, au début, donner un lien de cohésion et de connexité aux descendants des milles primitives. Par elle, seule, ils acquièrent cette grande homogénéité de formes et d'aptitudes, cette grande puissance d'attavisme qu'ils transmettent à leur postérité, et qui, même au point de vue commercial, leur donne une valeur supérieure.

S'il m'était permis, à cet égard, de prendre un exemple, à nos portes, dans l'espèce bovine, je dirais que, dans le Nivernais, la race fameuse charollaise, il n'y a qu'un petit nombre d'années encore, était diffuse, sans homogénéité, sans valeur commerciale. La pensée de la classer au

moyen d'un *Heerd-Book* n'a pas été plutôt suivie
d'exécution que les bons croisements n'ont plus
perdu de leur signification étant tous faits avec
suite. La race a progressé à vue d'œil, et, aujour-
d'hui, elle a acquis une valeur qui la classe immédiatement après celle du Cotentin.

Le *Stud-Book* pourrait s'établir, comme nous
l'avons indiqué plus haut, en y inscrivant tous les
étalons et toutes les juments primés depuis quelques années, en continuant cette opération pendant une dixaine d'années encore, et en y adjoi-
gnant les animaux non primés, ou non présentés
dans les concours, que la notoriété publique
classerait au nombre des types améliorateurs,
en raison de la beauté et de la sûreté de leur
reproduction.

Parallèlement au mode de formation, que j'ai
indiqué plus haut (chapitre 1er de la seconde
partie), et qui a pour agents les membres des
conseils généraux et d'arrondissement de chaque
canton, on pourrait, comme corollaire et moyen
de tout embrasser d'un coup d'œil rétrospectif,
établir un grand concours départemental annuel,
qui se tiendrait alternativement dans l'une des
meilleures villes du Perche, au moment de celles
de leurs foires qui attirent le plus d'amateurs :
dans l'Orne, à Mortagne et Alençon ; — à Chartres,
à Nogent-le-Rotrou, à Châteaudun, pour l'Eure-

et-Loir; — à Vendôme, à Montdoubleau, pour le département de Loir-et-Cher.

Les départements de la Côte-d'Or, de la Nièvre et de l'Yonne, qui possèdent les meilleurs étalons du Perche, pourraient également entrer dans l'association du *Stud-Book* percheron, dont ils ont tous les éléments.

Ce livre donnerait du prix à la race ; on le comprend facilement, car, de tous les modes d'amélioration et de conservation, il est le plus sûr. Il éloigne, sans retour, les étalons défectueux ou atteints de tares héréditaires qui ne pourraient, j'aime à le penser, trouver place au *Stud-Book*, ainsi que ceux issus de familles tarées. Le prix des poulains gagnerait également à cette mesure, dont le contre-coup aurait pour résultat d'imprimer une puissante impulsion à l'élevage. Mais il faudrait surtout se défendre d'y admettre jamais aucun sang étranger, afin que les familles classés pussent acquérir une force d'attavisme de plus en plus considérable.

Le *Stud-Book* offrirait encore un autre avantage, celui de permettre de retrouver les bons types si quelque jour, par suite de mauvais croisements ou de défaut d'entente, le Perche venait à fausser sa voie. En effet, le désir de trop gagner, de jouir trop vite, pousse aujourd'hui toutes les populations dans le domaine des innovations,

Notre épcque, si avide de jouissances, si hâtée
dans toutes ses entreprises, n'a plus la patience
d'attendre les améliorations que le temps et l'é-
tude doivent seuls consacrer et solidement établir.
Il lui faut les choses tout de suite, et souvent, pour
posséder plus vite, elle se contente de produits
frelatés : de là, la méthode des croisements mal
compris; de là, cette manie de tout mélanger
sans discernement, manie qui menace de détruire
nos précieuses races nationales.

Au milieu de tout celà, l'antagonisme de l'armée, des haras et du commerce de gros chevaux
vient apporter une complication nouvelle. L'armée,
qui ne s'occupe ni de produire, ni d'élever, et qui,
naturellement, reste en dehors des conséquences
qu'elle peut amener, pousse aux croisements parce
qu'elle obtient plus rapidement par eux les chevaux dont elle a besoin. Mais combien, par ce
moyen, fait-elle produire de chevaux non-seulement impropres à son service, mais encore im-
plaçables dans toutes autres situations. En effet,
avec un étalon de sang et une jument commune,
si, au milieu de produits efflanqués, manqués, il
arrive de faire, au premier croisement, un cheval
suffisant, ayant du très-bon et même une distinction relative, tout s'éteint d'ordinaire avec lui. Car,
si l'on veut se servir de ce résultat comme reproducteur, on n'obtient presque à coup sûr que des

animaux décousus et sans valeur, à moins que, par hasard, les points de départ, croisés entre eux, n'aient appartenu à des races offrant entre elles de profondes affinités : les races du Midi, par exemple, et celles du Centre avec l'Arabe ; celles du Nord·avec l'Anglais. — Mais l'Anglais, par l'infusion de son sang, perd celles du Midi. La pratique des croisements tend donc à faire disparaître nos anciennes races françaises.

Les haras, à un point de vue élevé, et avec un désintéressement auquel tous se plaisent à rendre hautement justice et hommage, poussent constamment aux croisements dans lesquels ils voient la réalisation de leurs vues : la France entière peuplée de chevaux légers et distingués. Ils disposent du plus puissant de tous les leviers, celui des encouragements. Ils ne donnent que de très-faibles primes aux gros chevaux, proscrivant les robes claires et réservant leurs faveurs pour les chevaux légers, habillés de robes sombres.

Quant au commerce, il s'accommode peu des vues de la guerre et de celles des haras, et il ne donne son argent qu'à ce qui est demeuré en dehors de ces deux impulsions.

Avec le *Stud-Book*, on arriverait, sans froissements, à satisfaire l'armée, les haras et le commerce. L'armée et les haras, qui veulent le cheval léger, distingué et à robes sombres ; le commerce, les omnibus, la consommation des grandes villes, l'agriculture intensive et industrielle, qui réclament le poids, la vigueur, les allures, la franchise, la docilité et le tempérament résistant.

Le *Stud-Book* fournirait le moyen de trouver des types de bons modèles, appropriés à tous les services. Seulement, l'élevage se fractionnerait de lui-même en deux camps opposés. Ceux qui voudraient le cheval léger et à robes sombres, le feraient dans les pays élevés et les plus maigres. Les autres, dans les plaines grasses, fertiles et abondantes, avec une alimentation plus nutritive, s'adonneraient au type opposé.

Chacun travaillerait dans sa sphère : les bénéfices, les pertes, les succès, les déceptions se compteraient bientôt et deviendraient bientôt de part et d'autre l'objet de sérieuses comparaisons.

Si le cheval léger offrait le plus de bénéfices, son empire s'étendrait sur les domaines du gros cheval.

Mais si, au jour de la réaction, on reconnaissait que ce croisement est inhabile à jamais faire un bon cheval d'omnibus, ni un bon cheval de limon, un bon moellonneur ; si l'on venait à refuser le cheval croisé pour ne vouloir plus que le cheval primitif ; si l'on arrivait à payer plus cher le Percheron de race pure, la vogue reviendrait vite à lui. Ce serait alors que l'on sentirait l'utilité du

Stud-Book, car ce serait au moyen de familles conservées authentiquement pures, dans les cantons qui les auraient choisies, qu'il deviendrait seulement possible de refaire une race un instant compromise et de la rendre abondante sur le marché.

Il suffirait de rassembler ces types et d'en favoriser l'essor pour rétablir le Perche dans toute sa splendeur. Ils pourraient même, à la longue, ramener dans de bonnes conditions les races amincies qu'une hygiène meilleure, une nourriture plus abondante et des milieux mieux appropriés seraient appelés à rendre a son volume primitif. Quelques générations suffiraient pour lui redonner cette homogénéité qu'elle avait naguère, alors que le service des postes lui demandait ses vigoureux porteurs et ses rapides chevaux de malle.

En résumé, le *Stud-Book* me semble un agent utile au triple point de vue de la conservation, du perfectionnement et de la restauration de la race percheronne.

RÉSUMÉ.

Conserver la race percheronne aussi pure que possible de tout mélange qui ne soit parfaitement homogène; respecter toutes ses variétés qui sont dues aux milieux dans lesquels elles sont nées et ont été élevées; améliorer, au moyen de la réu=

nion des meilleurs types du pays et de façon à corriger les défauts, tout en conservant intactes les qualités et les aptitudes.

Si le besoin de faire plus de brillant dans les allures et de donner plus de richesse au sang se faisait sentir, demander ces qualités à l'Arabe, qui a le privilége de créer le brillant et le ton tout en conservant le gros, la facilité d'élevage, la vigueur et la docilité. — L'Arabe est doux, intelligent, sobre, laborieux, d'un entretien facile.

Si, pour obéir à de puissantes considérations, et en l'absence d'agents orientaux, il devenait nécessaire de recourir à l'Anglais, ne choisir dans cette race que des étalons d'un quart de sang, tout au plus, mais bien confirmés et longuement racés, ayant l'œil ouvert et expressif, des allures, du brillant, de l'énergie, et surtout une complète absence d'irritabilité et toutes les apparences de la franchise et de l'aptitude au travail.

Car on ne saurait assez se prémunir contre les défauts innés de l'Anglais, qui est généralement impressionnable, susceptible-et-inintelligent. Délicat, gros mangeur, exigeant beaucoup de soins, il doit, s'il est honnête, se donner largement au travail, sinon il ne paye plus ce qu'il coûte et vole la main qui le nourrit. On doit donc toujours le prendre dans les familles travailleuses et *franches de collier*. Qui veut se lancer dans la voie des croisements éviterait plus d'un écueil en notant ces simples considérations :

Le cheval anglais, délicat, se plaisant à une table abondante, aimant peu le travail prolongé et monotone, exigeant des agents qui partagent sa vie du tact, de la douceur et une éducation chevaline avancée, est le cheval de l'homme riche et de plaisirs, de l'amateur de courses et de chasses, de l'agriculteur opulent qui tient plus à la beauté de ses élèves qu'à la quantité du travail.

L'Arabe, sobre, énergique, laborieux, est celui du petit propriétaire, du soldat et du travailleur. C'est la fortune des pays maigres et peu avancés.

Le cheval de trait convient seul au cultivateur, et sa taille se doit mesurer non-seulement aux milieux où on le place, mais encore au degré de culture du pays et au degré d'aisance de celui qui l'emploie. Il peut être amélioré, il peut être trotteur, il peut être distingué, mais il doit toujours s'approprier à la fortune de l'éleveur et à là richesse du pays. Un gros et grand cheval ne ferait que végéter près de celui dont l'enclave nourrit à peine sa famille. Il ne se doit trouver que chez le cultivateur opulent. Mais, par contre, celui-ci ne saurait sans folie élever ses vues jusqu'au cheval de sang, qu'il faut laisser entre les mains depuis longtemps habituées à l'aléat inséparable de son éducation.

Un dernier mot fera mieux comprendre le sens
de ma pensée.

Je veux parler de la question financière, qui est
tout en élevage et en agriculture. La meilleure, la
seule manière de l'envisager est de prendre l'éleveur à son début, au commencement de sa carrière, et, lorsqu'elle vient à se terminer, d'en
constater les résultats. Cette opération n'est autre
chose qu'une liquidation.

J'ai connu, dans mes voyages, deux contrées
voisines. L'une était riche, fertile, plantureuse,
éminemment propre à faire le cheval de grand
luxe. Mais on l'y élevait mal; on dédaignait de
faire exactement le cheval convenant au sol, et ce
produit, qui déjà péchait par la base, on l'élevait
dans l'oisiveté et on le nourrissait mal parce qu'il
ne gagnait rien. L'autre était maigre, et la terre ne
donnait que ce qu'on lui arrachait. Cependant, à
force de labeur, l'agriculture avait fini par progresser. Le cheval choisi avec soin, approprié au
pays, travaillait bien, mangeait bien et pros-
pérait.

J'eus la fantaisie de comparer entre elles les
liquidations après décès, dans ces deux contrées,
et voici les résultats qui surgirent de cette étude :

Dans la première, les éleveurs débutaient tous et
embrassaient la carrière avec de l'aisance. Néan-
moins, 18 sur 20 mouraient obérés.

Dans la seconde, ils étaient presque tous d'anciens domestiques ou valets de ferme, n'ayant eu pour s'établir que leurs économies. Malgré ces commencements difficiles, sur 20 hommes de cette profession, 17 laissaient de la fortune à leurs enfants, qui, à l'inverse des enfants des premiers, étaient accoutumés de bonne heure au travail et à une vie régulière.

Il est inutile de dire que toujours j'exceptai de ces exemples le cas où, pour s'exercer, le commerce s'était abrité sous le manteau de l'élevage; car, alors, ce n'était plus de l'élevage, pas plus que le commerce de grains, établi dans une ferme, ne serait de l'agriculture.

Comme considération finale, je veux laisser le cultivateur percheron en présence de deux situations réelles et auxquelles je le prie de donner attention.

1º L'hypothèse où la consommation spéciale des omnibus et du camionage ne deviendrait plus un débouché suffisant pour sa population chevaline, qui était de près de 60,000 têtes percheronnes, ou données comme telles, lors du dernier dénombrement effectué dans les cinq départements de l'Orne, d'Eure-et-Loire, de Loir-et-Cher, de l'Eure et de la Sarthe; — l'arrondissement de Mortague en compte à lui seul 12,632;

2º Celle où la mode, le demi-luxe, le commerce,

et la consommation de l'armée pourraient devenir une source de débouchés nouveaux.

Les omnibus, le camionage, les services accélé-rés n'ont aucune raison de tenir à une nuance spéciale. Pourvu qu'on leur fournisse toujours des chevaux vigoureux, solides, forts, résistants, francs de collier, dociles, d'un courage soutenu, froids, exempts d'impressionnabilité, bons trot-teurs, ils n'ont rien à objecter.

Un peu plus de distinction, même, ne gâterait rien à l'extérieur des attelages. Aussi, si cette nuance, unie aux qualités natives, si une distinc-ion plus marquée venaient peu à peu compléter la race percheronne, nul doute que cette tendance ne fût de nature à ouvrir au développement de son commerce un horizon plus étendu.

En croisant le Percheron avec un reproducteur étranger, soit un gros Arabe, soit un fort Mer-lerault bien né, soit un Anglais du Norfolk, de couleur sombre, à la condition expresse que cet étalon sera choisi avec soin et nettement confirmé dans sa race, on ne saurait redouter aucun désap-pointement. — L'Arabe peut se placer partout, et dans les parties maigres et montueuses, où les produits des autres reproducteurs ne feraient que végéter, il réussira bien. Le Merlerault et l'An-glais, surtout, demandent pour leurs fils les par-ties les plus fertiles et les mieux cultivées.

Si le produit de ces croisements est bien réussi, mâle ou femelle, il sera employé avec succès·à la reproduction, et, après quelques générations dans les centres où l'élevage se pratique avec soin, il peut devenir le point de départ d'une population d'élite. Débutant aux fonctions de beaux et solides postiers, les Percherons pourront s'élever au rang de carrossiers acceptables et, dans d'autres localités moins fertiles, de solides et compactes chevaux de chasse.

Ceux qui resteraient médiocres (il ne s'en rencontre que trop) verraient encore s'ouvrir pour eux, dans le petit luxe, le commerce, l'armée et l'artillerie, de nombreux débouchés. Les mâles, alors castrés de bonne heure, prendraient des formes plus aimées du commerce, et, tout en cessant de déshonorer la classe privilégiée et destinée à la reproduction, ils trouveraient le moyen d'être utilisés dans de nombreux services ; tandis que, pour le cheval gris, les débouchés sont nécessairement plus restreints. — Quand les omnibus et le camionage ont pris leurs 6 à 7,000 chevaux, quand l'étranger a enlevé 6 à 700 têtes d'élite, il ne demeure plus de débouchés suffisants pour la population secondaire.

Comme il n'y a plus de diligences, de courriers, de postes, ni de malles, le Percheron, qui était réclamé gris pour les services de nuit de cette colossale consommation, n'a plus de raison impérieuse de conserver son antique manteau ; il peut désormais être bai ou foncé. Pourvu qu'il le devienne à l'aide d'un bel Arabe de robe sombre, ou d'un gros Merlerault non métissé, ou d'un bon produit du Norfolk parfaitement confirmé dans sa race, je n'y trouve aucun inconvénient.

Lorsque les machines à vapeur, pour venir en aide aux bras qui nous manquent, sillonneront nos plaines et exécuteront les plus rudes travaux, nous n'aurons plus à regretter nos ouvriers à robes grises, dont la nuance avait la propriété de réfracter les rayons du soleil.

L'un de nos plus grands écrivains, l'une de nos lumières dans la science équestre, a cependant écrit :

« L'exemple des reproducteurs de sangs mêlés, empruntés à des races étrangères, n'a laissé que des regrets dans le Perche. Il apportait des vices de conformation et des tares qui n'appartiennent pas au cheval percheron et ne lui donnait, pour échange, aucune qualité nouvelle. Il jetait la perturbation dans la structure des produits sans aucun avantage dans la forme et dans le fonds. »

Malgré tout mon respect pour cette puissante autorité, qu'il me soit permis de lui demander si elle a jamais vu les produits, trop rares il est vrai, des quelques reproducteurs bien choisis et pleins d'affinité pour le Perche, que l'on appelait *Galli-poli*, *Sandy* et *Bayard?* Jamais plus beaux résultats ne firent l'orgueil de l'éleveur, jamais trotteurs n'enlevèrent avec plus de force et de coquette aisance les lourdes diligences, jamais fils ne transmirent plus fidèlement à leur race l'image et le caractère des aïeux. On ne lui a fait voir, sans doute, que les nombreux et hétérogènes produits d'étalons de pur sang, même des meilleurs, *Sylvio*, *Eylau*, *Reveller* et autres, avec des Percheronnes, croisements si étranges par leur éloignement et leur absence d'affinité que je m'étonne encore que la pensée en ait pu entrer dans des têtes raisonnables.

Quand, en l'absence de reproducteurs nationaux, je conseille le secours étranger, je ne prends pas au hasard, je choisis le type qui me semble le plus homogène, et, au lieu de me lancer à grands pas, je poursuis mon œuvre avec une patiente et prudente lenteur.

TROISIÈME PARTIE

Bien que je considère le Perche comme un pays
exceptionnel pour la production du bon cheval et
que j'attribue à l'air qu'on y respire, à ses eaux,
aux aptitudes nutritives de ses herbes, les admirables qualités des animaux qui y prennent naissance, je suis convaincu que les bons soins, la
sage hygiène, exempte à la fois de gâteries, indi-
gnes d'un bon travailleur, et de ces rudesses qui
aigrissent le caractère, dont le cultivateur ne se
départit jamais avec ses élèves, entrent pour beaucoup dans le succès de son œuvre. Partant de là,
je crois pouvoir avancer qu'avec des soins et une
hygiène identiques, on peut faire ailleurs des chevaux que le Perche ne désavouerait pas. C'est donc
le résumé de ces soins, de cette hygiène qu'il
importe de présenter à l'étranger qui veut se livrer
à l'élevage du cheval percheron. Je lui dirai ce que
fait le cultivateur de ce pays, et, en faisant de même,
pourvu qu'il s'essaye dans un milieu sain, à l'air
vif et souvent renouvelé par de nombreux ventilateurs, présentant quelque analogie avec les coteaux
sylvestres et les belles vallées herbues du Perche,
nul doute qu'il n'arrive à de magnifiques résul-

tats. Plusieurs hypothèses peuvent se présenter à l'égard de cet étranger qui veut élever des Percherons. Ou il vient acheter dans le Perche une jument pleine, qu'il veut faire mettre bas dans son pays, ou il achète des poulains de quatre à cinq mois qu'il veut sevrer chez lui, ou ses achats portent sur des antenais, ou, enfin, il emmène des adultes, mâles et femelles, ou seulement de l'un ou de l'autre sexe, pour les faire reproduire.

Chacune de ces hypothèses pourra être résolue par la connaissance pratique de l'élevage et l'étude des pratiques en usage dans le Perche, et donner lieu à autant de chapitres. Mais, avant de rien entreprendre, je demanderai à cet amateur s'il aime véritablement le cheval, et s'il se reconnaît les qualités du cultivateur percheron. S'il me répond affirmativement, j'entrerai en matière. Si, au contraire, il n'est pas bien sûr de lui-même et des agents qu'il devra employer, je jette ma plume et je n'écris plus un mot.

L'habitant du Perche est doux, d'une douceur qui ne se dément jamais : voilà pourquoi son cheval est si doux, si docile; le percheron aime le cheval, mais d'une affection qui ne ressemble pas à cette fougue empressée, à ce feu de paille d'amour de certains amateurs qui a trop d'explosion pour pouvoir durer; il aime le cheval d'un amour héréditaire, d'un amour de famille, si je puis ainsi parler, et le cheval, de son côté, aime héréditairement l'homme. Les femmes et les enfants sont généralement préposés aux soins des chevaux et des poulains, pendant que les hommes sont aux champs. De là vient ce caractère uni et aimable des chevaux élevés à cet école. Le cultivateur percheron possède surtout un grande patience, un grand empire sur lui-même, qualités indispensables pour dresser de jeunes poulains auxquels on ferait bientôt perdre la tête si on les traitait avec rigueur, et

qu'on effaroucherait nécessairement si on se livrait
aux convulsions de l'impatience ; voilà le secret du
bon dressage et l'art d'allier chez le cheval un
caractère froid et calme à un tempérament vigoureux. Il est laborieux, il aime à remuer la terre ;
de là l'obligation de faire travailler de bonne heure
les poulains, ce qui les rend eux-mêmes laborieux
et honnêtes. Mais, comme il est avant tout intelligent et qu'il les aime d'une façon raisonnée, il ne
leur demande qu'un travail en rapport avec leurs
forces, et leur donne une bonne nourriture. Cette
hygiène, mi-partie de travail et d'aliments substantiels, est un admirable moyen de donner la
force, la santé et un tempérament résistant. Le
Percheron, enfin, habite un pays accidenté, où il
faut sans cesse monter et descendre. Cette circonstance est des plus heureuses pour donner de la
force et du liant aux épaules, aux hanches et aux
jarrets, qui, tour à tour, travaillent et se reposent
dans ce milieu exceptionnel.

Ce portrait n'est pas seulement applicable aux
maîtres, aux fermiers, mais à toute la population
percheronne. Il n'est pas d'homme, dans ce pays,
qui n'ait été laboureur, qui n'ait élevé, dressé et
conduit des poulains, et qui, dès l'âge où il pouvait
marcher et tenir un petit fouet, n'ait été jeté entre
les jambes des chevaux. Il ne faut pas de tâtonne-
ments pour y trouver un homme de cheval, un bon
valet de ferme ; le premier visage qu'on rencontre
est celui d'un agent intelligent et sûr dans l'art
difficile de former des poulains.

Si vous avez de tels hommes à votre disposition,
abordez franchement votre tâche ; mais si vous
manquez d'hommes, abstenez-vous, car vous n'ar-
riverez à rien.

CHAPITRE Iᵉʳ

Nourriture et élevage.

L'étalon, dans les contrées habitées par les juments, sauf quelques exceptions, est presque toujours rouleur, c'est-à-dire qu'il parcourt les fermes
à des périodes déterminées. Sa course dure six
mois, de janvier en juillet, et il revient, en général,
quatre fois aux mêmes lieux. Le poulain vient au
monde ordinairement de très-bonne heure et toujours à l'écurie, où il reste constamment jusqu'à
l'époque du sevrage. Sa mère va labourer chaque
jour et quitte son poulain tous les matins pour ne
lui être réunie qu'à midi et le soir. Du trèfle vert
et des hivernages lui sont donnés pour entretenir
son lait.

A six mois, le poulain est sevré. S'il est femelle,
il demeure dans les cantons où il est né pour y
produire lorsqu'il sera devenu adulte. S'il est mâle,
on le vend aux fermiers des contrées d'élevage, dont
nous parlerons au chapitre suivant, spécial au
commerce.

Ces contrées se recrutent à deux sources :

La première est une des deux zones, que nous
indiquerons au chapitre suivant, celle du Midi
principalement (aux environs de Montdoubleau et
de Châteaudun), à cause de la grande réputation de
ses juments. Le cultivateur, désireux de sevrer de
bons poulains, les parcourt dès le mois de juin, et
choisit ses élèves sous la mère et dans les maisons
renommées.

Ce choix est le plus logique, il est aussi le plus
cher. C'est celui qu'affectionne le fermier des grandes exploitations des environs de Mauves et de Regmalard. Quelques cultivateurs des autres cantons

suivent son exemple; mais moins riches que lui,
ils n'ont que le second choix.

La seconde source, et la plus abondante, est
l'achat des poulains de bande, c'est-à-dire ceux
qui, dans le Perche, n'ont pas été vendus pendant
l'été; mais principalement ceux des environs de
Conlie, au nord-ouest du Mans, et ceux du bas-
Maine. Ils sont amenés, tout sevrés, aux foires du
Perche, vers la fin de l'automne. La foire Saint-
André de Mortagne, offre un curieux spécimen de
cette opération. Les cultivateurs vont choisir dans
les bandes. L'origine, dans ce cas, ne compte plus;
il n'y a ni père, ni mère pour faire pencher la balance; le mérite est tout extérieur, tout individuel.
Si cette façon d'acheter est moins chère, elle est
aussi bien moins sûre, à moins de connaître per-
sonnellement de bons marchands, habitués à ne
ramener que des poulains de tête.

On fait peu de façons pour le sevrage des poulains. Ce passage d'une vie à une autre, toujours
si grave pour les poulains de sang, s'opère tout
seul pour les futurs ouvriers des champs; ils se
sèvrent d'eux-mêmes pendant le voyage, du lieu
où ils sont nés à leur nouvelle destination. Les
cultivateurs des environs de Regmalard, qui les
achètent d'ordinaire très-jeunes, leur donnent un
peu de lait de vache, à leur arrivée, pour les forti-
fier et servir de transition; mais cette méthode est
loin d'être universelle.

Les poulains, une fois arrivés dans les fermes,
sont placés cinq à six, pêle-mêle, dans une étable
souvent assez peu aérée et ne recevant le jour que
par une porte à claire-voie. Leur nourriture consiste en une *barbotte* très-claire, composée de farine d'orge et de son, fréquemment renouvelée.
La partie solide de l'alimentation consiste en du
trèfle sec et du foin, dont se remplit alternativement leur crèche.

Quelques fermiers donnent du regain, qui est plus doux ; mais comme il est sujet à se bourrer, pour le rendre d'une digestion plus facile, on le mêle avec de la paille d'avoine.

Il est bien rare que ces poulains, changés de pays et de régime, soumis souvent à de longues étapes, exposés aux intempéries des saisons, ne soient pas atteints de la gourme. Beaucoup d'éleveurs ont la vicieuse habitude de leur donner alors du froment pour les échauffer et faire sortir la gourme, mais cet aliment a le tort d'épaissir trop le sang et de les exposer à des accidents nombreux.

Ce régime se prolonge jusqu'au printemps, époque à laquelle les poulains sont mis au vert à l'étable ; on leur y apporte du trèfle ou de l'hivernage. Plus tard, on les lâche dans les champs de trèfle, après la première coupe, ou dans les prés, après la faux.

A dix-huit mois, ils commencent leur apprentissage ; on leur passe le collier au cou, on les attèle à la charrue, à la voiture, en compagnie de chevaux déjà faits, quoiqu'ils soient d'un âge où, dans bien des pays, leurs contemporains ne savent rien encore. L'alimentation, toujours composée de trèfle principalement, de foin, de paille *de mars*, de blé, de mâches, de seigle décrévé et cuit à l'étuvée, devient, à partir de cette époque, un peu plus succulente. Ils commencent à manger de l'avoine, mais avec assez de parcimonie. Elle ne leur est pas donnée pure ; on la sert avec la balle, c'est-à-dire qu'on ne la crible point pour la leur offrir. La quantité de cet aliment dépensé par jour n'est pas inférieure à 7 ou 8 litres, ce qui ne donne guère plus de 4 litres de grain. En revanche, la farine et la barbotte vont toujours en augmentant pour leur donner du corps. — Trente mois viennent les surprendre à ce régime, au milieu de tous les travaux de la ferme, qu'ils exécutent chaque jour,

avec toutefois beaucoup de modération et en traînant des fardeaux très-légers, car ce n'est à vrai
dire qu'un dressage, pour confirmer la douceur
héréditaire de leur caractère et leur apprendre,
peu à peu, à devenir francs de collier et n'avoir
peur de rien.

Sur ces entrefaites, arrive le marchand qui parcourt continuellement les fermes. Ils les achète et
les revend immédiatement aux fermiers du Petit-
Perche et du Thimerais. Une nourriture plus tonique leur est donnée en échange d'un travail plus
suivi et plus rude. Cette vie dure une année et se
termine par le passage dans la Beauce ou le pays
Chartrain où le travail augmente. Avec lui la nour-
rture augmente également et cette combinaison
amène la perfection du cheval.

C'est alors que les chevaux, ayant atteint leur
âge et le complément de leurs forces, sont achetés
pour Paris, où des travaux impitoyables les appel-
lent et auxquels leur tempérament à toute épreuve,
leur grande force muculaire, leur énergie, leur
courage les font résister.

« Ce mode d'élevage, pour emprunter les propres
paroles d'un célèbre éleveur, représente la division du travail qui donne de si heureux résultats
dans les manufactures, et ses avantages ne peuvent
être bien appréciés que par ceux qui, ayant élevé
des chevaux, savent quels embarras donne une
réunion de juments et de poulains de tous les
âges et de tous les sexes. Malheureusement il serait
bien difficile d'introduire ailleurs cet usage excellent qui existe dans le Perche, probablement depuis
des siècles, sans qu'on puisse savoir comment il y
a été amené. »

Quant aux poulains destinés à la monte, ils la
font généralement dès l'âge de deux ans, et la
continuent jusqu'à quatre en moyenne. — Je
parle du Petit-Perche, car, dans le Grand, depuis

l'établissement de la Société hippique, dont le siége est à Châteaudun, et qui étend au loin son action, la monte est effectuée par des étalons adultes. A quatre ans, ils sont vendus, soit pour Paris, soit à des étrangers, si leur mérite les rend dignes d'un tel choix.

Cette émigration totale des poulains mâles, dès l'âge de six mois, rend très-grande la difficulté de se procurer de bons étalons dans cette race. Du Grand-Perche, ils se dispersent dans le commerce avant l'âge, souvent, où il y a sûreté à les choisir. Quand on va les chercher dans le Perche, on ne les y trouve plus; il faut alors les poursuivre dans les fermes de la Beauce, et cette poursuite est véritablement difficile. Elle est cependant préférable, pour arriver à bien, aux ressources que présente le marché de Chartres, celui de tous où les Percherons adultes affluent en plus grand nombre.

Pour ce qui concerne les juments, leur éducation est la même que celle des poulains, avec la seule différence que leur vie est exempte de migrations. Elles sont élevées dans la zone qui les a vu naître. Elles travaillent de bonne heure, donnent deux ou trois poulains, et disparaissent, comme les mâles, dans le gouffre de la consommation. Car, à moins de cas exceptionnels et de productions hors ligne, il est rare qu'elles vieillissent dans les fermes. Pour ne rien perdre de leur valeur, le fermier *les envoie* à l'âge de cinq, six et sept ans. Il serait heureux, ainsi que nous l'avons déjà dit, que de belles primes pussent retenir sur le sol les bonnes poulinières et vinssent mettre un terme à cette habitude ennemie du progrès.

Les fermiers qui ont des herbages, comme dans les environs de Regmalard, usent, pour l'élevage de leurs poulains, de la méthode en vigueur dans le Merlerault et dans la vallée d'Auge. Au lieu de les lâcher dans les champs, ils les placent dans les pâturages.

Le foin de vallées est bon, mais insuffisant pour l'alimentation des fermes; on y supplée par des fourrages artificiels au nombre desquels le trèfle entre pour les trois quarts, le reste se compose de sainfoins, de luzernes et d'hivernages. Les *mars*, ou pailles d'orge et d'avoine, sont aussi donnés comme aliment, et, dans certains cantons, on les fane avec l'herbe des prairies pour leur donner l'arôme et le parfum du foin. C'est une méthode ingénieuse de faire manger avec plaisir une nourriture ordinairement peu attrayante.

Les écuries, quoique bien meilleures qu'autrefois, au bon temps de la belle race, laissent encore à désirer. Elles ne sont pas garnies de stalles, et les chevaux sont attachés, les uns à côté des autres, sans que rien les sépare. Mais telle est la douceur de caractère de cette race que jamais on n'entend parler d'accidents.

L'ensemble de l'hygiène que nous venons d'indiquer offre une tendance marquée vers le grossissement incessant du cheval aux dépens de son système nerveux.

Ce régime, complément irraisonnable dans des contrées molles et abondantes, a sa raison d'être dans le Perche, et le cultivateur percheron sait trop bien ce qu'il fait en l'employant pour ne l'avoir pas compris. Le climat et les produits du Perche, les eaux, l'air portent trop exclusivement sur le système nerveux pour n'avoir pas besoin d'être combattus sans cesse.

J'en veux prendre un exemple dans tout le règne animal qui peuple cette contrée.

Chacun connaît bien aujourd'hui l'influence du climat sur les animaux. Personne ne doute donc plus maintenant que ce ne soit à l'air vif et sain du pays percheron, à ses collines élevées, à l'atmosphère constamment renouvelée par les puissants ventilateurs de ses vallons et de ses forêts que cette contrée ne doive les éminentes qualités de sa belle race de chevaux qui lui ont valu le droit d'arborer cette devise significative : *le Perche aux bons chevaux*. Tout ce qui nous entoure nous porte à adopter cette opinion. Les animaux domestiques que l'on y importe, au contact de l'air qu'ils respirent et à la nourriture, s'y transforment en peu de temps.

Les volailles du Billot et de Crèvecœur, au type s'y accentué, n'y sont pas plutôt entrées qu'à la première génération un changement total s'est opéré dans leur aspect. Dès la seconde, on a de la peine à les reconnaître dans ces volatiles à la conformation maigre, nerveuse, élancée, à la physionomie sauvage, et toujours prêts à prendre leur essor.

La race bovine du Perche est aussi bien inférieure aux races perfectionnées. Elle est l'antipode des espèces que l'on prise aujourd'hui, molles, lymphatiques et près de terre, toujours prédisposées à la graisse et n'ayant dans leur charpente osseuse que tout juste ce qu'il faut pour servir à la locomotion, formant un quadrilatère de chair, monté sur quatre petites jambes, une *culotte* tombant sur les jarrets, un dos large et uni, une poitrine amplement descendue, un cou surchargé d'une montagne de graisse. Des cornes qui, semblant inutiles dans des lieux d'où l'homme a chassé les bêtes sauvages, retombent en croissant sur leur front comme un ornement superflu.

Telle n'est point l'espèce percheronne ; elle est, au contraire, osseuse et sèche, d'un tempéramment nerveux, les membres haut montés, les hanches cornues, la poitrine serrée, la cuisse grêle, le cou mince, la tête sèche, longue et légèrement busquée. Deux cornes, d'un blanc verdâtre et effilées, se dressent en l'air, toujours menaçantes, comme en un pays sauvage, peuplé d'animaux nuisibles qu'il faut repousser sans cesse. Un mot expressif les désigne tout d'un trait; un éleveur vous dira qu'elles sont *bichardes*, et passera outre sans leur donner un coup d'œil. Elles ne sont guères propres à un prompt engraissement; on le reconnaît sans peine à leur couleur, qui, en termes du métier, se dit *être peu tendre*; à leur cuir, qui est sec et peu moelleux. Les marchands expriment cette façon d'être par le mot consacré : *n'avoir point de maniments*. Les mâles, surtout, lorsqu'ils ont été taureaux, deviennent durs, avec des cornes grosses et sans franchise, des membres osseux, de grosses articulations, un ensemble rebelle à l'engraissement et une vilaine tête, qui leur donne droit, dans toute l'acceptation du mot, à cette épithète de : *bêtes campagnardes*, inventée pour exprimer un animal de mauvaise nature.

En vain le Maine, dans la partie qui lui tient, a donné au Perche sa race bovine; mais elle a dégénéré, elle est devenue plus haut montée, plus sèche, moins facile à l'engraissement, n'ayant gardé aucun souvenir de cette belle tête franche et de ce bel avant-main que l'on trouve dans le Maine. En vain la Normandie, dans tout ce qui la touche, a versé un sang généreux. Le type normand apparaît à peine ; il est dégénéré et ne possède plus ni couleur franche, ni belle tête, ni membres fins, ni cornes blanches, ni *maniments* moelleux.

Depuis plusieurs années, la mode des croisements avec la race du Cotentin est devenue universelle et continue de faire un chemin rapide. Dès la seconde génération, cependant, il ne reste presque rien de ces essais dans la conformation et dans la finesse; on ne retrouve plus qu'un pelage *brangé*, mélangé de *caille* aux limites du Maine, et de *pagne* aux abords de la Normandie. Ce n'est qu'à force de croiser, toujours avec le Cotentin, que le Perche est parvenu, enfin, à se faire une race passable aujourd'hui.

Les moutons, assez délicats à manger, sont petits et forment un mélange dégénéré et sans nom de la race du Maine, de la Cauchoise et de la Trennoise, croisé depuis plusieurs années avec le mérinos. Ils offrent les mêmes conditions que les bêtes à cornes; ils sont, comme elles, assez rebelles à la graisse et à la lymphe, malgré les fréquentes importations d'espèces plus grosses et plus charnues.

De telles prédispositions ne peuvent tenir qu'au sol, et cette domination incessante du système nerveux sur le système lymphatique fait toutes les qualités du cheval percheron. Voilà pourquoi la tradition nous a fait une peinture si séduisante de sa construction et de ses qualités. Voilà pourquoi les anciens, qui ont encore vu cette belle race avant sa dégénérescence, en parlent avec tant de chaleur. Voilà pourquoi, malgré des croisements incroyables, elle a résisté à de funestes mélanges. Voilà pourquoi elle est toujours énergique, malgré la nourriture délayante et sans tonicité qui lui est donnée et qui serait capable d'abâtardir une race moins ancienne et moins bien. *confirmée.*

Gardons-nous bien toutefois de condamner complétement la conduite du cultivateur, et n'allons pas d'une imprudente main brouiller les fils de ses traditions.—Le cheval est sa seule fortune, et dans l'élevage de cet auxiliaire de ses travaux agricoles il trouve aujourd'hui son seul gagne-pain. —Sa conduite a un but arrêté auquel il tend toujours avec une incroyable persévérance : celui de grossir et de transformer peu à peu ses chevaux tout en leur conservant leur énergie.

Maintenant que le sol est couvert de routes et de chemins excellents; que les voies ferrées nous ont habitués à une plus grande vitesse ; que les diligences et les malle-postes sont supprimées pour toujours ; que le carrossier distingué, le cheval de chasse et de demi-sang sont arrivés physiquement à toute leur perfection, le rôle du cheval percheron est complétement changé. Il n'est plus le cheval de chasse et de selle, le moteur des lourds carrosses au milieu des routes effondrées et élémentairement construites ; il reste exclusivement le cheval de traction vive et rapide à la fois, le cheval de la grosse messagerie et du camionnage accéléré. Il lui faut une force supérieure, de la vitesse, de la docilité, du tempérament, de la franchise dans le collier et une absence complète d'irritabilité. C'est ce qui fait qu'après avoir écouté des conseillers enthousiastes et s'être laissé guider par des hommes trop pressés de jouir du résultat de leurs idées, aujourd'hui, n'écoutant plus que lui seul, malgré les instances des amateurs du sang, le cultivateur du Perche n'en veut même plus une seule goutte et s'efforce exclusivement à ne faire que des gros chevaux. Encouragé dans cette voie par les marchands de tous pays qui lui payent excessivement cher le gros et épais Percheron, en lui laissant sur les bras, sans lui en offrir une obole, celui qui laisse apercevoir quelques gouttes de sang, il a déployé sa voile et l'a tendue résolûment au souffle du présent.

Nous nous garderons bien, après vingt conseillers fameux, de déployer notre mince bagage de recettes. Qu'il nous soit toutefois permis de toucher légèrement encore la question en exprimant la crainte que, s'il n'y prend garde, l'éleveur de gros chevaux ne les rende à la fin trop lourds et trop pesants. Des étalons ayant une toute petite goutte de sang, mais bien donnée, mais assez latente pour ne pas exciter la défiance, des allures des membres, des reins bien soutenus, une poitrine bien descendue, sont indispensables pour réchauffer souvent la race percheronne et lui donner du *montant*. Témoins *Sandy*, et depuis, *Collin*, *Bayard* et quelques autres dont l'action a été immense. Leurs produits, magnifiques sous tous les rapports, ne rappelaient point trop le sang dans leur extérieur, mais le décélaient vigoureusement par leurs allures et leur énergie. Les chevaux de croisement qui ont le mieux réussi avec la race percheronne sont sans contredit ceux qui proviennent eux-mêmes d'un croisement oriental, comme l'indiquent de nombreux exemples. Ce fait, qui prouve clairement que la race percheronne a une grande affinité avec la race du désert, ne doit jamais être négligé dans les alliances étrangères.

Quant aux alliances anglaises, elles n'ont pas jusqu'ici donné tous les résultats promis ; mais il n'en faut rien induire contre un essai nouveau. On avait constamment versé trop de sang et constamment on s'était éloigné du but en voulant aller trop rondement. Peu de sang d'abord, mais un sang bien choisi dans la race du Norfolk, un sang patiemmment infusé dans les veines du Perche, tel est le moyen de triompher de vieilles antipathies et d'ouvrir à ce pays de vastes et fructueux horizons.

CHAPITRE II.

Commerce. — Visite des berceaux les plus renommés. — Foires importantes. — Éleveurs principaux.

Les bons chevaux s'achètent d'ordinaire dans les fermes où l'on voit rouler constamment marchands et courtiers. Le commerce de toute la France, les nombreux et intelligents amateurs de l'étranger les visitent avec soin, parcourant le pays et le fouillant dans ses moindres recoins. Toutefois, malgré ces achats à domicile, les foires n'en restent pas moins pourvues de nombreux et bons animaux. Nous ferons comme ces étranger, nous parcourrons les meilleurs berceaux. Mais, aux gens affairés, pour leur faciliter le moyen de se remonter sans perte de temps, nous croyons devoir faire connaître les foires les plus importantes avec l'indication de leur composition, et, comme complément de renseignements, nous indiquerons, à la suite les noms des principaux éleveurs de chevaux percherons de chaque département, dont relève le Perche.

Comme pays équestre, le Perche, qu'on a surnommé le Perche aux bons chevaux, se divise en trois parties bien distinctes :

Celle qui fait naître les poulains, peuplée exclusivement de juments et de pouliches ;

Celle qui sèvre les poulains mâles et les élève ;

Celle qui les perfectionne, attribution qu'elle partage avec la Beauce et le pays Chartrain, dont elle est limitrophe.

Tout le territoire nord-ouest et sud de l'arrondissement de Mortagne (Orne) comprenant les cantons de Moulins, Bazoches, Pervenchères, Bellesme, le Theil et partie de Nocé, possèdent les poulinières ainsi que les pouliches. Dans la Sarthe, le canton de Montmirail ; ceux de Montdoubleau et de Droué, dans Loir-et-Cher ; ceux d'Alluye, de la Bazoche, de Cloyes, d'Authon, de Brou et de Nogent-le-Rotrou, dans Eure-et-Loir, sont également des centres où l'on ne rencontre que pouliches et juments poulinières. — Courtalain, sur la frontière du sud, est célèbre aussi pour cette spécialité.

L'élevage des poulains mâles occupe tout l'est, le centre et le nord de l'arrondissement de Mortagne, c'est-à-dire les cantons de Mortagne, Tou-rouvre, Longny, Regmalard et partie de Nocé. Cette division, toutefois, n'est pas toujours nette-ment accentuée sur les frontières. Les communes qui se trouvent sur la lisière de chaque contrée, telles que celles de Bazoches, Courgeoust, le Pin, Saint-Ouen, Nocé, Berdhuis, etc., ont des fermes exclusivement peuplées de juments, tandis que d'autres ne comptent que des poulains mâles.

La zone des juments est divisée elle-même en deux cantonnements : celui du nord et celui du midi, qui est le plus estimé en ce que ses juments passent pour avoir conservé plus énergiquement les caractères de l'ancienne race percheronne. Il comprend les cantons étrangers à l'arrondissement de Mortagne : Montdoubleau en est la capitale.

Celui du nord, renfermé dans l'arrondissement de Mortagne, compte trois variétés bien distinctes :

Les pures races percheronnes au midi et dans le canton de Bazoches. A l'ouest, dans les com-munes qui avoisinent le Mesle-sur-Sarthe, des ju-ments possédant à divers degrés quelques parcelles de sang anglais, puisé à la station de Mesle-sur-Sarthe, exclusivement composée d'étalons de sang.

Le canton de Moulins, au nord, nourrit une autre variété d'une très-grande énergie, douée d'excellentes allures, mais peu avantagée sous le rapport de la taille. Aussi est-elle plus prisée pour donner de bons chevaux de service que pour fournir des types améliorateurs.

Les meilleurs centres pour les poulains mâles, sont : Regmalard, qui est pour ainsi dire le chef-lieu des bons étalons; Mauves, qui fournit, il y a bientôt trente ans, le fameux étalon *Jean-le-Blanc*, de M. Miard, de Villers-en-Ouche, qui a peuplé toute cette contrée de magnifiques juments per-cheronnes; Verrières, Corbon, Comblot, Courgeon, Loisail, Réveillon et Villiers.

Quant au reste du Perche, en raison de sa grande similitude avec la Beauce et le pays Chartrain, il en est le pourvoyeur. Pays de transition, il achète pour labourer ses plaines des poulains de 30 mois à 3 ans, les garde une année seulement et les revend adultes à des cultivateurs de la Beauce pour être envoyés à Paris après un séjour d'une année environ dans leur ferme. Ce sont les environs de Courville, renommé par le goût de ses fermiers pour les bons chevaux ; Châteauneuf, Brézolles, la Loupe, Champrond, Thiron, Pontgouin, Verneuil, etc. — Illiers, qui avait autrefois cette spécialité, s'est mis depuis plusieurs années à sevrer des poulains.

Foires du département de l'Orne.

ALENÇON. — Deux foires considérables. — 1° *La Chandeleur*. Foire d'une haute importance, commençant le 29 janvier, bien qu'elle ne soit indiquée que pour le 1er février. On y trouve, à côté de chevaux de grand luxe, un choix nombreux de chevaux entiers de poste et de trait léger du Perche et de la Bretagne.

2° Le *Grand Lundi* (ou second lundi de carême). On y trouve, comme à la Chandeleur, un grand nombre de Percherons de poste et de trait léger.

BELLESME. — Trois foires importantes. — La *Saint-Jean*. Réunion spéciale pour la location des charretiers, valets et servantes de ferme. — La *Saint-Laurent*, 10 août, pour toutes les variétés du cheval de service et de trait. — La *Saint-Simon*, 28 novembre, chevaux et poulains d'espèce percheronne, de petite taille et de trait léger.

LONGNY. — Quatre foires considérables. — Le 24 février ; le 1er mai ; le 21 septembre ; le 21 décembre. Ces foires spéciales pour chevaux de trait léger de poste et de trait, sont très-curieuses et forment, pour ainsi dire, l'entrepôt des jeunes chevaux passant du Grand-Perche, où ils sont nés et ont été élevés, dans la Beauce où se complète leur éducation.

LAIGLE. — La *Saint-Martin*, 11 novembre. Poulains de lait, d'espèce percheronne et de croisement. Considérable.

LE MESLE-SUR-SARTHE. — La veille de la Saint-André de Mortagne. C'est le passage obligé de bon nombre de poulains allant à la foire de Mortagne. Les poulains de race y séjournent et y trouvent acquéreur. Les Percherons ne font qu'y passer ; les meilleurs, et en petit nombre, y sont vendus. On peut y faire aisément de bons choix.

MORTAGNE. — L'établissement tout récent d'un champ de foire, dont l'absence était universellement regrettée, contribue par sa situation et son étendue toute exceptionnelle à augmenter encore l'importance des foires de Mortagne. Elles sont au nombre de cinq principales :

1° La *Mi-Carême*. Le samedi qui suit la mi-carême. — 2° La *Saint-Jean*. Le samedi qui suit la saint Jean. — 3° La *Saint-Jacques*. Le samedi qui suit le 25 juillet. — 4° Le *Premier Samedi d'octobre*. Réunions considérables pour chevaux de trait léger, d'espèce percheronne, de 2 ans à 3 ans et demi. — 5° La *Saint-André*, se tenant invariablement le 30 novembre, jour de la fête, à moins qu'elle ne tombe un dimanche, auquel cas elle est remise au lundi. C'est la réunion la plus considérable de France pour la vente des poulains. En dehors d'un nombre énorme de bons poulains de demi-sang et de poulains croisés, on y trouve un choix remarquable de poulains de trait léger du Haut et du Bas-Perche, du Maine, de la Basse-Normandie et de la Bretagne, offrant, on peut le dire, la fleur de la population chevaline de trait léger dans ces provinces. Grand nombre de pouliches de trait léger, d'un an et au-dessus ; grand nombre de juments et de chevaux de trait léger et de poste. Les poulains de trait trouvent un débouché considérable dans les départements de l'Eure, de la Seine-Inférieure et toutes les contrées agricoles du nord de la France. Les juments de poste sont disputées pour tous les points de la France, mais leur succès le plus considérable est dans le Midi, où elles sont livrées à la reproduction aussitôt qu'elles ne sont plus aptes au service de la poste.

La faveur accordée au cheval percheron tend à dépeupler le pays que la soif du gain porte à se séparer même de ses juments. Il en résulte que dans le Perche le vrai type primitif ne forme pas plus d'un dixième de la population chevaline. Les vides se ferment au moyen de l'introduction du Breton, du Cauchois, du Picard et du Bourbonnais.

Visiter encore Mortagne au moment des courses au trot, qui ont lieu invariablement le premier dimanche de septembre. On y trouve un excellent choix d'étalons, de chevaux entiers et de juments de race percheronne de poste et de trait léger.

Éleveurs principaux de l'Orne.

ARRONDISSEMENT DE MORTAGNE (CANTON DE MORTAGNE).

Commune de Mortagne. — Maillard-Plessis, chevaux; — Leroy, au Chesnay, chevaux; — Le Gras, marchand de juments; — Thibault, marchand de chevaux et juments.

Commune de Courgeon. — Visiter toutes les fermes de cette commune. On n'y élève que des chevaux.

Commune de Saint-Langis. — Durand, chevaux.

Commune de Saint-Denis. — De Vanssay de Blavoust, juments.

Commune de Loisé. — Guimond, à la Simonnière, chevaux; — Hérissay, à Mont Jalain, chevaux.

Commune de Villiers. — Bouvier à la Galardière, chevaux; — Le Conte, à Nonantel, chevaux; — Le fermier de la Fontaine, chevaux.

Commune de Réveillon. — Gaget, à la Horière, chevaux.

Commune de Saint-Mars-de-Réno. — Gallet, chevaux, Bignon étalons; — Provost, au moulin de la Gohière, chevaux.

Commune de Loisail. — Rivière, chevaux; — Le fermier de la Forgetterie, chevaux.

Commune de Mauves. — Pelletier, au Breuil, chevaux; — Frédéric Pelletier, chevaux; — Le fermier de Bernuche, dans l'ancienne commune de Corbon, chevaux; — Tessier, marchand de chevaux.

CANTON DE BAZOCHES.

Commune de Bazoches. — Burard, juments; — Chardon, chevaux.

Commune de Courtoulin. — Chantepie, juments.

Commune de Courgeoust. — Bothereau, chevaux; — Chollet, chevaux.

Commune de Saint-Germain de Martigny. — Hérissay, étalons.

Commune de Saint-Ouen de Secherouvre. — Desclos, au Haut-Froyer, étalons.

Commune de Bossé. — Vallée, à Courtoinon, juments; — Tolly-Vallée, juments; — Olivier, juments.

Commune de la Mesnière. — Dujarrier, aux Joncherets, juments et chevaux; — Vallée, à Condé, étalonnier et éleveur de chevaux; — Dujarrier, à Ville-Pendue, juments; — Cenery Bignon, à la Royauté, juments; — Le fermier de Puisaye, juments; — Avignon, à la Coudrelle, juments; — Le fermier de la Gobancière, juments.

CANTON DE PERVENCHÈRES.

Commune de Pervenchères. — Tafforeau, juments; — Vadé, étalonnier.

Commune de Saint-Quentin. — Vaux, à Mesnul, juments.

Commune de Buré. — Bellanger, à l'hôtel Geslin, juments.

Commune de Saint-Julien-sur-Sarthe. — Bellier, juments; — Théodore Pelletier, étalonnier; — Valembras, marchand de juments et de poulains.

Commune de Saint-Jouin. — Jardin, à Chanceaux, juments.

Commune de Coulimer. — Durand, juments ; — Cusson, étalonnier.

Commune du Pin-la-Garenne. — Perpère, étalonnier et éleveur de chevaux.

Commune d'Eperrais. — Fromentin, à la Vallée, étalonnier et éleveur de chevaux ; — Bigot, juments.

CANTON DE BELLESME.

Commune d'Igé. — Hardouin, étalonnier.

Commune de Dame-Marie. — Jamois, chevaux.

Commune d'Origny-le-Roux. — Chapelle, chevaux.

Commune de Pouvray. — Ségouin, juments.

CANTON DU THEIL.

Commune de Céton. — Bajou, juments. — Therm, à la Massuette, étalons.

Commune de Saint-Hilaire-sur-Erre. — Thérin, chevaux.

Commune de Masle. — Le comte de Saint-Pol, chevaux et juments.

CANTON DE REGMALARD.

Commune de Verrières. — Fardouët, étalonnier et éleveur de chevaux.

Commune de Dorceau. — Charpentier, étalons et chevaux ; — Le fermier de la Grande-Maison, chevaux.

Commune de Boissy-Maugis ; — Le fermier de Méhéry, chevaux ; — Le fermier de la Grande-Maison, chevaux ; — Le fermier de la Mouchère, chevaux.

Commune de Coulonges-les-Sablons. — Debray, chevaux.

CANTON DE LONGNY.

Commune de Longuy. — Tessier, marchand de chevaux.

CANTON DE TOUROUVRE.

Commune de la Ventrouse. — Gastine, marchand de juments, au Billot.

Commune de Bivillers. — Millet, aux Marchais, chevaux.

CANTON DE MOULINS LA MARCHE.

Commune de la Ferrière-au-Doyen. — Jousset, étalonnier.

Commune de Beauffay. — Mesnel, juments.

CANTON DE LAIGLE.

Commune de Laigle. — Victor Cécire, ferme-modèle de la Gallerie, juments ; — Le Roy, au Chapuy, juments.

ARRONDISSEMENT D'ARGENTAN (CANTON DU MERLERAULT).

Commune de Saint-André d'Echauffour. — Houlette, à l'Aunay-au-Sage, étalonnier.

Commune de Planches. — Gérus, à Saint-Vanduille, étalonnier.

ARRONDISSEMENT D'ALENÇON (CANTON DE COURTOMER).

Commune de Courtomer. — Lancelin, à la ferme du Château, juments.

Commune du Plantis. — Prodhomme, au bois d'Ecuenne, juments ; — Gérus, étalonnier.

Commune de Sainte-Scolasse. — Valembras, marchand de juments.

Commune de Bures. — Bignon-Pillon, à la Rabouine, juments ; — Lancelin, à Launay, juments ; — Ollivier, à Montgazon, juments ; — Tafforeau, à la Cour de Bures, juments ; — Fossey, à la Maison-Rouge, chevaux.

CANTON DU MESLE-SUR-SARTHE

Commune du Mesle-sur-Sarthe. — S'adresser à M. Louis Bazille, directeur de l'école de dressage. — Hubert, juments.

Commune de Coulonges. — Bignon, au Tertre, juments ; — Le fermier des Hayes, juments ; — Le fermier de Courpotenay, juments.

CANTON EST D'ALENÇON.

Commune de Larré. — Lamy Godichon, juments.

Commune de Valframbert. — Petit, juments.

Nota. — Dans la plaine d'Argentan et dans celle d'Écouché, spéciales aux juments de poste, on trouve quelques maisons où on se livre à l'élevage de la bonne jument percheronne, telles que celles de M. Bourgeois, à Loucé, près Écouché; de M. Gallot, à Saint-Gervais, près Briouze; de M. Dugué, à Moulins, sur Orne ; de M. Viel, à Chiffreville près Argentan, et M. Salomon, à Tertu, près Argentan également. — S'adresser au haras de MM. Chéradame, frères, à Écouché, qui ont une réunion remarquable d'étalons percherons, et surtout à M. Simon, au haras de Saint-Lambert, près Trun, pour la recherche des descendants de ses étalons *Dagobert* et *Farmer*.

Foires du département d'Eure-et-Loir.

AUNEAU. — Deux bonnes foires : 1° *La Saint-Cosme* (27 septembre) ; 2° *la Toussaint* (2 novembre). Bien qu'elles soient surtout spéciales aux moutons et au bétail, on y trouve, en bon nombre, d'excellents chevaux percherons.

LA BAZOCHE-GOUET : *La Saint-André*, 8 décembre. Réunion excellente pour poulains de lait.

BONNEVAL. — Deux foires excellentes : —Le premier lundi de mars pour chevaux de trait léger, de poste et de gros trait.

La Saint-Gilles (1er septembre) : Chevaux et juments appartenant aux mêmes variétés qu'à la précédente, plus une forte réunion de poulains de lait.

CHARTRES. —Quatre foires considérables : —*Les Barricades*, commençant le 10 mai, bien qu'elle soit indiquée pour le 11. Foire fameuse pour chevaux entiers de poste et de trait de 4 à 5 ans. Elle dure dix jours, dont les trois premiers, seulement, offrent de l'intérêt pour la vente des chevaux. Débouchés : tous les services de Paris et de France, et même de l'Etranger.

La Saint-Barthélemy : 24 août, même physionomie et mêmes débouchés que la précédente. Dure trois jours.

Le 8 septembre : même physionomie que la précédente, mais augmentée d'une bonne réunion de poulains de lait. Dure dix jours.

La Saint-André, 27 novembre : réunion exceptionnelle pour la livraison des chevaux achetés à l'avance dans les fermes et la vente des étalons et chevaux de poste et de trait, se répandant dans toutes les parties de la France et de l'Étranger. On y trouve aussi grand nombre de chevaux bretons, cauchois, picards· et boulonnais, élevés dans la Beauce et présentés comme percherons. — Cette foire dure quatre jours, mais elle ouvre huit jours avant l'époque fixée en raison de l'affluence des chevaux amenés dans les écuries. Elle comprend notamment trois marchés principaux, le jeudi, le samedi et le lundi. Les deux premiers sont les plus brillants, et le troisième sert à la montre de ce qui n'a pas été vendu aux précédents.

CHASSANT : deux foires considérables : — *Le 14 février,* pour étalons et chevaux entiers de poste et de trait léger.

Le 15 septembre, chevaux entiers et juments de poste et de trait léger, poulains de lait.

CHATEAUNEUF. — Le mercredi avant le 7 juillet : Réunion importante durant trois jours, pour chevaux de poste et de trait.

COURTALAIN. — *La Sainte-Catherine* (25 décembre) : Chevaux de poste et de trait léger. Considérable surtout pour la vente des poulains de lait. Dure deux jours.

COURVILLE. — Cinq foires importantes : — *La Chandeleur* (le jeudi qui suit le 2 février). — *Le jeudi de la Fête-Dieu.* — *La Saint-Thibault* (le jeudi qui suit le premier mardi de juillet). — *Le premier jeudi d'octobre.* — *Le premier jeudi de novembre.* — Ces foires sont spéciales aux chevaux de poste et de trait, et le premier jeudi d'octobre comprend, en outre, une nombreuse réunion de poulins de trait.

DREUX. — Trois foires importantes pour chevaux de trait léger, de poste et de trait : —*Le lundi de la Pentecôte.* — *Le premier lundi de juillet.* — *La Saint-Gilles* (1er septembre).

ÉPERNON. — 21 décembre : foire importante pour chevaux de poste et de trait.

LA LOUPE. —Quatre foires considérables : — *La Chandeleur* (le jour de la fête, si elle tombe un mardi, sinon elle a lieu le premier mardi de février). — *La Quasimodo* (mardi de la Quasimodo). — *La Saint-Thibault* (premier mardi de juillet). — *Le premier mardi d'octobre.* — Toutes ces foires sont spéciales pour jeunes chevaux entiers de poste et de trait léger. Mais la foire d'octobre comprend, en outre, une bonne réunion de poulains de lait.

NOGENT-LE-ROTROU. — Quatre foires importantes : —*Le second samedi de Carême.* —*Le premier samedi de mai.* —*Le dernier samedi de septembre.* Pour chevaux et juments de trait léger, de poste et de trait. — *La Saint-Jean,* réunion fameuse pour la location de garçons et servantes de ferme, charretiers et laboureurs.

SENONCHES. —16 juin : la réunion la plus importante du Perche pour jeunes chevaux entiers de poste et de trait léger passant du Grand-Perche, pays de premier élevage, dans la Beauce où se forment les adultes. — *L'avant-dernier lundi de septembre* : bonne réunion pour chevaux de trait léger et de poste et pour poulains de lait.

Eleveurs principaux du département d'Eure-et-Loir.

ARRONDISSEMENT DE NOGENT-LE-ROTROU. — CANTON DE NOGENT-LE-ROTROU.

Commune de Nogent-le-Rotrou. — Adolphe Choisnard, éleveur et marchand de juments; — Le Marié, étalonnier; — Choisnard, fils, à l'Orme, juments.

Commune de Margon. — Choisnard, étalons et juments; — Gosselin-Rousseau, étalons.

Commune de la Gaudaine. — Veuve Dorchesne, étalons.

Commune de Trizay. — Neveu, juments.

Commune de Souancé. — Glon, juments.

Commune de Brunelles.—Du Cœur-Joly, et Goux, juments;—Garreau, juments;—Dordoigne, juments. On trouve encore dans ce centre les éleveurs suivants: Déniau, Chéramy, Vadé, Chaudin, Grandin, Marchand, Moreau, Thion Vallet, Royer, Benoist. — Tous élèvent des juments.

CANTON DE THIRON-EN-GARDAIS.

Commune de Coudreceau. — Du Cœur-Joli, juments.

CANTON D'AUHTON.

Commune de Charbonnières. — Madame la comtesse de Chamoy, au château de Charbonnières, haras et ferme-modèle, étalons et juments.

Commune du Coudray-au-Perche. — Guillemin, juments; — Gaulard, id.

Commune de Berthonvilliers. — Guilbert, juments.

Commune de Beaumont-les-Autels. — Le comte de Bezenval, au château de Beaumont, juments; — Gannier, juments.

Commune des Etilleux. — Glon, juments.

ARRONDISSEMENT DE CHATEAUDUN. — CANTON DE CHATEAUDUN.

Commune de Châteaudun. — Moisant, directeur de la Société hippique du Perche et de la Beauce, étalons desservant une grande partie du Perche; — La Haye, étalons.

CANTON DE CLOYES.

Commune de Cloyes. — Le marquis d'Argens, au château de Bouville, ferme-modèle, étalons et juments; — Jonquet, juments.

Commune d'Arrou. — Canot, à la Bertinière, juments; — Cintrat, juments; — Triau, juments; —

Coursimault, juments; — Clousier, juments; — Charrier, à la Chaussée, juments; — Coispeau, juments; — Mantion, juments; — Pouchard, juments; — Bagot, juments; — Laye, juments; — Chéramy, à la Beaume, juments.

Commune de Saint-Pellerin.— Chauvin, juments; — Clousier, aux Guyonnières, juments; — Pean, juments; — Martin, juments; — Franchet, juments; — Marchand, à la Jacière, juments; — Vallée, aux Fontaines.

Commune de Bois-Gasson. — Méritte, au château de Villemesle, juments; — Coursimault, juments.

Commune de Courtalain. — Le marquis de Gontaut, juments; — Bidault, juments; — Damalix, juments. — Déniau, au Thuillay, juments;— Roger, juments.— Visiter surtout Courtalain au moment des courses au trot, qui ont lieu au mois de juin.

CANTON DE BONNEVAL.

Commune de Bonneval. — La Haye, marchand de chevaux; — Mesle, marchand de chevaux.

CANTON DE BROU.

Commune de Dangeau. — Lallié, juments.

CANTON D'ORGÈRES.

Commune de Cormainville. — Dreux-Linguet, étalons.

ARRONDISSEMENT DE CHARTRES.— CANTON DE CHARTRES.
Ville de Chartres. — François le Gras, brasseur, chevaux.

CANTON DE COURVILLE.

Commune de Courville. — Mouton, chevaux; — Sureau-Mercier, chevaux; — Desvaux-Rose, chevaux.
Commune de Saint-Luperche. — Ricourt, chevaux.
Commune de Ollé. — Barret, chevaux.

CANTON D'ILLIERS.

Commune d'Illiers. — Bailleau, ferme-modèle, chevaux et juments; — Poucher, chevaux; — Vital-Lenfant, marchand de chevaux; — Mathurin Vallée, marchand de chevaux. — Visiter surtout Illiers au moment de ses courses au trot, qui ont lieu le deuxiè-me dimanche de septembre.

Commune de Cernay. — Maillard, chevaux.

Commune d'Epauterolles. — Gâtineau, à Béaufran-çais, chevaux.

ARRONDISSEMENT DE DREUX. — CANTON DE DREUX.

Commune de Dampierre-sous-Bléry. — Rocques, aîné, ferme-modèle, chevaux.

Département de l'Eure.

ARRONDISSEMENT D'ÉVREUX. — CANTON DE VERNEUIL.

Jouvin-Pouchet, Jouvin-Dumont et Jouvin-Des-champs, marchands de chevaux à Verneuil.

Foires du département de Loir-et-Cher.

DROUÉ. — Deux foires excellentes pour les jeunes poulains : —*Le 28 octobre* et à *la Saint-Nicolas* (5 décembre). La Saint-Nicolas surtout est la plus estimée. — Lorsque le jour où elles tombent n'est pas un mardi, elles sont remises au mardi suivant.

LA FERTÉ-BEAUHARNAIS. — *Le 24 août :* Chevaux et juments de trait léger.

MONTDOUBLEAU. — Deux foires d'une très-haute importance : —1° *Le premier lundi de carême.* Rendez-vous de l'élite des juments percheronnes, de trait léger, de trois à cinq ans ; quelques très-bons chevaux de même espèce.

2° *La Saint-Denis* (9 octobre) : Magnifique réunion de premier ordre, pour juments. percheronnes, la plupart remarquablement belles, achetées pour tous les services de France et même de l'Etranger, la Prusse principalement. Poulains de lait. — Dure trois jours.

Il y a encore foire le jour de *la Chandeleur* et le lundi après la Saint-Éloi ; mais elles sont moins importantes.

Visiter encore Montdoubleau au moment de ses courses au trot, qui ont lieu le 3e dim. de septemb.

SAVIGNY. — *Le dernier mercredi d'avril* : Juments et chevaux de service, et de trait léger. Bonne réunion.

VENDÔME. — Deux très-grandes réunions :

1° *La Chandeleur* (3 février) : Étalons, chevaux de service et de trait léger, poulains antenais. Concours d'étalons percherons. — Dure huit jours.

2° *Le 10 septembre* : Chevaux de service et de trait léger ; quelques poulains de lait. — Dure huit jours.

Il y a encore foire : *le vendredi de la Passion, le vendredi qui suit la Saint-Georges* (23 avril) ; *le vendredi qui suit le 4 juillet ; le 12 novembre.* Mais ces réunions sont moins importantes.

LA VILLE-AUX-CLERCS. — Une réunion très-importante : *la Saint-Aignan* (16 et 17 octobre). Poulains de lait et poulains antenais de trait léger. — Il y a encore cinq autres foires, mais elles sont moins importantes : le 10 juin, pour juments de service ; le 24 avril, pour juments de service et poulains de lait et poulains antenais ; les 4 octobre, 17 novembre et 21 décembre, pour poulains de lait et antenais.

Éleveurs principaux du département de Loir-et-Cher.

ARRONDISSEMENT DE VENDOME. — CANTON DE MONT-DOUBLEAU.

Commune de Montdoubleau. — Mme veuve Desvaux-Louzier et fils, étalons et juments ; — Louis Perneau, juments ; — Jean Bouley, *id.* ; — Moreau, étalons.

Commune de Cormenon. — M. Édouard Bezard-Claye, conseiller général, au château de La Borde-Joliet, juments ; — Dumans, aux Rodières, *id.*

Commune de Choue. — Derrez-Dupas, à Étrivet, juments et un étalon, fils de la fameuse *Julie.* — Chamvin-Péan, à la Pilonnière, juments ; — Moreau-Talbot, *id.* ; — Landron-Volant, à la Métairie, *id.* ; — Chanieau-Bessé, *id.* ; — Besnard, *id.*

Commune de Baillou. — Augis, juments; — Landier, *id.*; — Bodinot, *id.*

Commune de Souday. — Jeauneau, juments; — Boullay, id.

Commune de Sargé. — Moreau, juments; — Varesqueil, *id.*; — Gauthier, qui était à la ferme de la Masserie, et tenait les juments, n'est pas encore replacé par suite de la vente de cette ferme.

Commune du Temple. — Louis Pesneau, aux Malottières, juments. — C'est le même dont nous avons parlé à Montdoubleau.

Commune de Saint-Mars-du-Cor. — François Baillault, juments; — Louis Barillault, *id.*; — Pigalle, *id.*; — Blanchelande, au Pressoir, juments.

Commune de Saint-Agil. — Ricordeau, juments; — Besnard-Champaux, à la Couvardière, *id.*; — Vivet, *id.*; — Vadé, *id.*

Commune d'Arville. — Esnault, juments.

Commune du Plessis. — Challier, juments.

CANTON DE DROUÉ.

Commune de Droué. — Cintrat, juments; — Gourdeau, *id.*; — Bellanger, *id.*

Commune de la Chapelle-Vicomtesse. — Barret, juments; — Le Roy, *id.*; — Deshayes, *id.*

Commune du Poislay. — Coispeau, juments; — Hamel, *id.*; — Péan, *id.*; — Gaudineau, *id.*; — Rouillon, *id.*

Commune de la Fontenelle. — Roger, juments.

CANTON DE VENDÔME.

Commune de Vendôme. — Civetteau, étalons; — Ferron, id.

Commune d'Azé. — Pinet, à la Galatte, étalons.

Commune des Boulleaux. — Butard, juments.

CANTON DE MONTOIRE.

Cochonneau, Latron et Raquin, marchands de chevaux, à Montoire.

Foires du département de la Sarthe.

BEAUMONT LE VICOMTE. — *Le premier mardi de décembre :* Foire considérable et la seconde du département, pour poulains de lait, de trait léger.

FRESNAY-LE-VICOMTE. — *La Sainte-Catherine* (deuxième samedi de novembre) : Foire considérable, la meilleure du département, pour poulains de lait, de trait léger.

CONLIE. — *Troisième mercredi de novembre :* Poulains de lait, de trait léger. Très-bonne réunion.

SAINT-CALAIS. — *Premier mardi de septembre :* Bonne réunion pour poulains de lait, de trait léger.

Éleveurs principaux du département de la Sarthe.

ARRONDISSEMENT DE SAINT-CALAIS. — CANTON DE SAINT-CALAIS.)

Commune de Saint-Calais. — Le Clair-Martin, juments.

Commune de Rahay. — Doron, juments ; — l'Hermitte, juments.

Commune de Danzé. — Beaudouin, juments ; — Aubry, juments ; — Pageot, juments.

ARRONDISSEMENT DU MANS. — CANTON DU MANS.

Lamoureux, maître-d'hôtel et éleveur de juments, au Mans. C'est lui qui possède la fameuse trotteuse, *Sarah.*

CANTON DE BALLON.

Commune de Lucé-sous-Ballon. — Abot, étalonnier. C'est lui qui possède l'étalon, *Charmant*, père de la fameuse trotteuse, *Sarah.*

ARRONDISSEMENT DE MAMERS. CANTON DE MAMERS.

Commune de Saint-Rémy-du-Plain. — Thibault, étalonnier.

CANTON DE SAINT-PATER.

Charles Fleury, à Saint-Rigomer, chevaux et juments.

CHAPITRE II.

Vitesse et tenue du cheval percheron.

Nous avons dit que l'une des qualités distinctives du cheval percheron et l'une de celles qui lui ont valu l'estime universelle, était de trotter vite en tirant lourd. On se tromperait fort, cependant, si l'on s'imaginait que cette faculté de trotter vite le place sur le même rang que le cheval de sang. Celui-ci tire peu, c'est vrai; mais il a de longues détentes, et, sous le point de vue de la vitesse, il bat carrément le Percheron. Car, la présence sur l'hippodrome de chevaux tels que *Décidée* et *Sarah*, qui ont lutté avec des chevaux de sang de l'ordre le plus élevé, tantôt honorablement battues, le plus souvent victorieuses, la présence, dis-je, de tels chevaux n'est qu'une heureuse et rare exception.

La spécialité du Percheron de trotter vite en tirant lourd, a donc des limites, et ce sont ces limites que je veux faire connaître au moyen d'exemples nombreux et recueillis avec soin.

Ce que le Percheron faisait sur les diligences, sur les malles, sur les chaises de poste, tout le monde le sait; il est inutile de le redire. D'un relais à l'autre, ne traînant jamais moins de deux mille livres et trois le plus souvent, par le chaud, par le froid, sur des chemins montueux, malaisés, il faisait ses trois lieues à l'heure en se jouant, quatre sans broncher ni geindre; mais c'était là le *nec plus ultra* qu'il ne fallait jamais raisonnablement dépasser.

Ce qu'il fait sur les omnibus, tout l'univers vient à Paris et peut s'en convaincre, et l'admirer. De là, une des principales attractions de l'étranger ntelligent pour le cheval percheron.

Il ne nous reste donc plus qu'à le suivre sur l'hippodrome et de faire le relevé des vitesses constatées dans les courses gagnées par lui.

Les réunions de courses qui lui ont été depuis longtemps consacrées, sont celles d'Illiers, de Courtalain, de Montdoubleau et de Mortagne; c'est là que nous le verrons presque toujours. Aussi, est-il indispensable d'indiquer, pour être rigoureusement vrai, que ces hippodromes, sauf le nouveau de Mortagne, terminé depuis deux ans, n'étaient que des champs labourés, mal dressés, pierreux, durs par la sécheresse, défoncés comme une tourbière par les temps mouillés. Que celui de Mortagne, notamment, placé sur le versant d'un côteau rapide, réunissait aux défauts précités, d'offrir, dans une distance de 1,000 mètres, trois pentes rapides comme un toit de maison et trois montées similaires. Les chevaux qui avaient le plus brillé ailleurs, abordant ce terrain, tombaient plat et mettaient un temps infini à fournir leur épreuve. C'est à cette circonstance qu'il faut attribuer l'abaissement des moyennes, mais c'est aussi à elle que l'on doit de connaître le cœur du Percheron. Quand un poulain de trente mois avait bravement accompli sa tâche et parcouru deux ou trois fois le tour de cette piste assassine (et il s'en trouvait bon nombre), on pouvait hardiment prédire qu'il y avait en lui l'étoffe d'un brave et digne cheval. A tout cela, ajoutons que, soit attelé, soit monté, le Percheron est presque toujours placé dans une situation défavorable. Monté, il est livré à un jeune gars, ardent, sans expérience, qui ne calcule rien et le pousse sans ménagement au début et ignore l'art de faire une arrivée. Attelé, il est couvert d'un harnais lourd et gênant, et il traîne à sa suite soit un gros charriot mal roulant, soit un gros, mauvais et bas tilbury de voyage.

Le tableau ci-dessous, résumant la résultante

de 196 courses, officiellement constatées sur l'hippodrome, et de deux épreuves de fonds qui ont été également constatées avec soin, donnera la moyenne de ce dont le Percheron est capable, soit sur des pistes raboteuses, défoncées ou montueuses, soir sur des grandes routes et dans des pays énergiquement mouvementés.

CHAPITRE V

Vitesse du cheval percheron, pour deux kilomètres et au-dessus.

Percherons montés.

2 kilomètres. — 29 résultats.
Les deux meilleurs sont ceux de *Julie*, à Montdoubleau, en 1864 : 3 minutes 50 secondes, et de *Godius*, au même lieu, en 1857 : 3 minutes 58 secondes.

Les deux plus mauvais sont ceux de *Vidocq*, à Mortagne, en 1865 : 7 minutes 37 secondes, et de *Lansquenet*, au même lieu, en 1861 : 7 minutes 48 secondes.

La vitesse moyenne est de 4 minutes 12 secondes 1/2 environ.

3 kilomètres. — 31 résultats.
Les deux meilleurs sont ceux de *Vaillante*, à Mortagne, en 1864 : 4 minutes 38 secondes, et de *Julie*, à Montdoubleau, en 1864 : 6 minutes 14 secondes.

Les deux plus mauvais sont ceux de *Mouche*, à Mortagne, en 1855 ; 9 minutes 18 secondes et de *Biche*, à Mortagne, en 1855 : 8 minutes 30 secondes.

La vitesse moyenne est de 6 minutes 40 secondes environ.

2 milles (3,240 mètres). — 40 résultats.
Les deux meilleurs sont ceux de *Cocotte*, à Illiers, en 1861 : 6 minutes 5 secondes 1/2, et de *Sarah*, au même lieu, en 1865 : 6 minutes 2 secondes.

Les deux plus mauvais sont ceux de *Balzane*, à Illiers, en 1859 : 9 minutes 40 secondes, et de *Renaud*, au même lieu, en 1850 : 10 minutes 30 secondes.

La vitesse moyenne est de 7 minutes 20 secondes environ.

4 kilomètres. — 65 résultats.
Les deux meilleurs sont ceux de *Sarah*, à Langon, en 1865 : 7 minutes 35 secondes, et de la même, à Mortagne, en 1865 : 7 minutes 40 secondes.

Les deux plus mauvais sont ceux de *Marmotte*, à Mortagne, en 1856 : 13 minutes 26 secondes, et de *Julie*, à Courtalain en 1863 : 11 minutes 30 secondes.

La vitesse moyenne est de 9 minutes 15 secondes environ.

4,500 mètres ont été fournis, à Illiers, par *Bichette*, en 1860, en 12 minutes 15 secondes.

4,860 mètres, au même lieu, ont été fournis trois fois et ont donné une moyenne de 11 minutes 25 secondes.

5,800 mètres, au même lieu, ont été fournis, par *Championnet*, en 1857, en 12 minutes.

Percherons attelés.

1,500 mètres ont été fournis, en 1855, à Béthune, par la *Grise*, en 4 minutes 2 secondes.

2 kilomètres ont été fournis, à Mortagne, en 1856, par *Brattrape*, en 5 minutes 4 secondes.

---

2 milles ou 3,240 mètres. — 8 résultats.

Les deux meilleurs sont ceux de *Achille*, à Illiers, en 1865 : 7 minutes 17 secondes, et de *Julie*, à Illiers, en 1863 : 7 minutes 40 secondes 1/2.

Les deux plus mauvais sont ceux de *Championnet*, à Illiers, en 1858 : 7 minutes 53 secondes et de *Bichette*, à Illiers, en 1849 : 8 minutes 13 secondes.

La moyenne est de 7 minutes 36 secondes environ.

---

4 kilomètres. — 14 résultats.

Les deux meilleurs sont ceux de *Vigoureux*, à Illiers, en 1851 : 8 minutes 30 secondes et de *Bibi*, à Mortagne, en 1865 : 9 minutes 54 secondes.

Les deux plus mauvais sont ceux de *Bichette*, à Courtalain, en 1860 : 11 minutes 30 secondes, et de d'*Artagnan*, à Mortagne, en 1850 : 11 minutes 55 secondes.

La vitesse moyenne est de 10 minutes 9 secondes environ.

4,500 mètres.

Deux épreuves de ce genre ont été fournies, à Rouen, par *Décidée* :

La première fois, en 1864, 175 kilog. en 9 minutes 21 secondes ; la deuxième fois, en 1865, traînant 185 kilogrammes, 10 minutes 49 secondes.

CHAPITRE VI.

Tenue du cheval percheron.

Epreuves de fonds régulièrement constatées.

Une jument grise, née chez M. Beaulavon, à Almenesches (Orne), en 1845, appartenant à M. Montreuil, marchand de chevaux à Alençon, a fourni, en 1851, l'épreuve suivante : — Attelée à un tilbury de voyage, elle est partie de Bernay en même temps que la malle estaffette de Rouen à Bordeaux, et est arrivée avant elle à Alençon, ayant franchi 89 kilomètres, sur une route montueuse et difficile, en 4 heures 24 minutes.

Cette jument vit encore, et appartient aujourd'hui à M. Buisson, maître d'hôtel au *Cheval-Blanc*, à Séez (Orne), chez lequel elle traine l'omnibus qui fait le service de la gare du chemin de fer à son hôtel.

Une jument grise, âgée de 7 ans, appartenant à M. Cousturier, de Fleury-sur-Andelle (Eure), a, en 1864, attelée au tilbury, parcouru deux jours de suite, au trot, et sans fouet, la distance qui sépare Lyons-la-Forêt de Pont-Audemer, et retour, 88 kilomètres de route montueuse et difficile, dans les conditions suivantes :

Le premier jour, l'épreuve a été fournie en 4 heures 1 minute 35 secondes; le second, elle l'a été en 4 heures 1 minute 30 secondes. Les 22 derniers kilomètres ont été franchis *en une heure*, bien qu'à la limite du 70e kilomètre, la jument eût été obligée de passer devant son écurie, pour compléter le parcours.

FIN.

TABLE DES MATIÈRES

Le cheval percheron

Troisième Partie

FIN DE LA TABLE.

MONTEREAU. — IMPRIMERIE DE L. ZANOTE.

www.ingramcontent.com/pod-product-compliance
Lightning Source LLC
Chambersburg PA
CBHW072240270326
41930CB00010B/2210